Günther Beyer

Konzentrationstraining

Günther Beyer

Konzentrationstraining

So optimieren Sie Ihre Gedächtnisleistung

Bibliografische Information der Deutschen Nationalbibliothek
Die Deutsche Nationalbibliothek verzeichnet diese Publikation in der
Deutschen Nationalbibliografie. Detaillierte bibliografische Daten sind im
Internet über http://dnb.d-nb.de abrufbar.

Für Fragen und Anregungen:
beyer@mvg-verlag.de

2. Auflage 2014
© 2007 bei mvgVerlag, ein Imprint der Münchner Verlagsgruppe GmbH,
Nymphenburger Straße 86
Tel.: 089 651285-0
Fax: 089 652096

Umschlaggestaltung: Atelier Seidel, Teising
Umschlagabbildung: © mauritius images / Laughing Stock
Redaktion: Anette Gillich-Beltz, Essen
Satz: Jürgen Echter, Redline GmbH
Druck: CPI – Ebner & Spiegel, Ulm
Printed in Germany

ISBN Print 978-3-636-06288-8
ISBN E-Book (PDF) 978-3-86415-114-9
ISBN E-Book (EPUB, Mobi): 978-3-86415-537-6

Weitere Informationen zum Verlag finden Sie unter

www.mvg-verlag.de

Beachten Sie auch unsere weiteren Imprints unter
www.muenchner-verlagsgruppe.de

*Ich bedanke mich bei meiner Mitarbeiterin
Frau Annette Glamann, die mich bei meiner Arbeit
an diesem Buch unterstützt hat.*

Inhalt

Vorwort

Was ist Konzentration?

Konzentration ist zunächst einmal die Fähigkeit, seine eigenen Gedanken zu sammeln, auf einen gewünschten Punkt zu lenken und auch dort zu lassen. Es nützt nichts, wenn Sie sich nur einige Sekunden lang konzentrieren können. Sie müssen es schaffen, Ihre Gedanken längere Zeit auf einen Punkt zu richten.

Kinder zum Beispiel können sich außerordentlich gut konzentrieren, nur meistens nicht auf das, was gerade vom Lehrer in der entsprechenden Schulstunde gefordert wird. Auch Erwachsene können sich im Grunde sehr gut konzentrieren, aber ebenfalls nicht unbedingt auf das, was gerade in einer Besprechung, in einer Verhandlung, in einem Vortrag oder bei der Arbeit am Computer gefordert wird.

Jeder Mensch, ganz gleich welchen Alters, konzentriert sich jede Sekunde, jede Minute, jede Stunde auf irgendetwas. Das ist also nicht das Problem. Es kommt jedoch darauf an, seine Gedanken genau auf den Punkt zu richten, der im Moment wichtig ist, ob in der Schule, im Beruf oder im Privatleben. Wer nicht fähig ist, sich länger auf eine wichtige Sache zu konzentrieren – und damit schlägt sich jeder Mensch immer wieder einmal herum – dessen Leistung lässt nach und dessen Lernfähigkeit lässt zu wünschen übrig.

Für die weit verbreiteten Schwierigkeiten, sich zu konzentrieren, gibt es verschiedene Gründe: Reizüberflutung und Hektik führen dazu, dass die Gedanken ständig von einem Punkt zum nächsten „zappen". Zu viel Stress hat zur Folge, dass sich die Gedanken auf den Urlaub oder die Freizeit konzentrieren oder aber auf Schlaf und Entspannung – nur nicht auf die Arbeit. Wer nicht abschalten kann, dessen Gedanken kreisen auch nach Feierabend um die Arbeit, um das, was alles zu tun ist, um Probleme oder Schwierigkeiten. Existenzängste

sowie Sorgen und Ärger binden ebenfalls die Gedanken und
die Konzentration – man beschäftigt sich nur noch mit diesen
Sorgen und dem Ärger, statt sich auf die Lösungen zu konzentrieren.

Insgesamt kann man sagen, dass wir heutzutage zahlreichen
Ablenkungen ausgesetzt sind, wodurch die Gedanken entweder in eine nicht gewünschte Richtung gehen, sich also
woanders konzentrieren, oder aber nicht lange auf einem
bestimmten Punkt verweilen, also ständig von einem Thema
zum nächsten springen.

Hinzu kommt, dass Konzentration eine Energie ist, die sich
beim Arbeiten und beim Lernen verbraucht (meine „Batterie"
ist leer) und wieder aufgeladen werden muss, zum Beispiel
durch Pausen. Aber diese so wichtigen Pausen gönnen sich die
meisten Menschen in unseren von Stress und Hektik geprägten
Zeiten nicht mehr. Kein Wunder, dass viele darüber klagen,
dass sie sich nicht mehr in der gewünschten und gewohnten
Weise konzentrieren können.

Sich nicht so gut konzentrieren zu können, ist nicht nur
unangenehm, sondern hat weit reichende Folgen: Mit der
Konzentration steht und fällt das Gedächtnis. Daher ist es
wichtig, die Konzentration zu trainieren. Das soll mit diesem
Buch spielerisch geschehen, denn der berufliche und auch
schulische Alltag sind schon aufreibend genug.

In den folgenden Konzentrationsübungen beziehungsweise
Konzentrationsspielen trainieren Sie die Bereiche, die für die
tägliche Praxis wichtig sind. Hierbei soll sich eine Routine
einstellen, so dass eine gute Konzentration zu einem effekti-
ven, automatischen Grundverhalten Ihres Gehirns wird. Dann
werden Sie mit Ihrer Konzentration auf die Dauer zufrieden
sein.

In Sonderkapiteln im letzten Teil des Buches erfahren Sie,
wie Sie morgens ohne lange Anlaufphase frisch und fit in den
Tag starten und wie Sie über Entspannungsübungen Ihre
Konzentration zusätzlich stabilisieren können. Außerdem be-

kommen Sie Hinweise, wie Sie Ihre Konzentrationsfähigkeit fördern können. So stärken Fantasiereisen Ihre geistige Fitness, die Ernährung beeinflusst Ihre Konzentrationsfähigkeit und Augenübungen helfen Ihnen, bei der Arbeit am Bildschirm auch über längere Zeit konzentriert zu bleiben.

Ich wünsche Ihnen viel Spaß und Erfolg beim Training Ihrer Konzentration!

Günther Beyer, Hohkeppel 2007

ANALYSE:
WIE KONZENTRIERT SIND SIE?

Konzentrationstests

Gehen Sie konzentriert durchs Leben?

Testen Sie, wie es um Ihre Konzentration steht. Beantworten Sie dazu die folgenden Fragen. Die Antworten finden Sie auf der nächsten Seite.

1. Sie stellen den Wecker auf 9 Uhr und gehen um 8 Uhr schlafen. Wie viele Stunden schlafen Sie?
2. Teilen Sie 30 durch 0,5 und zählen Sie 10 hinzu. Wie lautet das Resultat?
3. Sie kommen in einen dunklen Raum mit Zündhölzern in der Hand. Es gibt keinen Strom, aber eine Kerze, einen Gasherd und eine Petroleumlampe. Was zünden Sie zuerst an?
4. Ein Bauer hat 17 Kühe. Alle sterben, außer 9. Wie viele bleiben übrig?
5. Wie viele Monate haben mindestens 28 Tage während einer Periode von 8 Jahren?
6. Ein Nachtwächter stirbt am hellen Tag. Hat er trotzdem Anspruch auf eine Pension?
7. Wie viele Tiere von jeder Art hat Moses auf seine Arche mitgenommen?
8. Darf ein Mann die Schwester seiner Witwe heiraten?
9. Auf einer Stromleitung, 10 Meter über Ihnen, sitzen 10 Vögel. Ein Jäger schießt 4 herunter. Wie viele sitzen dann noch auf der Stromleitung?
10. Ein Archäologe behauptet, er hätte ganz seltene, wertvolle Münzen mit der Prägung „400 vor Christus" gefunden. Kann das stimmen? Kann man heutzutage noch solche Münzen finden?

Haben Sie gemerkt, was passiert ist? Sie wurden sich Ihrer Sache immer sicherer – und so ließ Ihre Konzentration nach, die Fehlerquote stieg.

Sie müssen lernen, über längere Strecken und trotz Erfolgserlebnissen weiterhin konzentriert zu bleiben. Das trainieren Sie mit den Übungen in diesem Buch.

Antworten zu dem Test auf Seite 14

1) 1 Stunde
2) 70 ist richtig
3) das Zündholz
4) 9 ist richtig
5) 96 ist richtig. 12 Monate mal 8 Jahre. Jeder Monat hat mindestens 28 Tage.
6) Natürlich gibt es keine Pension für Verstorbene.
7) Moses hatte keine Arche. Das war Noah.
8) Geht nicht, denn er ist schon tot.
9) Kein Vogel mehr. Der Rest fliegt erschrocken weg.
10) Natürlich nicht! Keiner konnte 400 vor Christus wissen, dass 400 Jahre später Christus kommen würde.

Wie konzentriert bewältigen Sie geistige Arbeiten?

Dies ist ein zeitbegrenzter Test: Sie haben 3 Minuten Zeit. Der Rekord liegt bei 1 Minute 15 Sekunden.

1. Lesen Sie alles sorgfältig, bevor Sie etwas tun.
2. Schreiben Sie schnell Ihren Namen in die obere rechte Ecke der Seite.
3. Kreisen Sie im vorigen Satz das Wort „schnell" ein.
4. Zeichnen Sie 5 kleine Vierecke in die obere linke Ecke dieses Blattes.
5. Zeichnen Sie ein „X" in jedes der Vierecke.
6. Unterschreiben Sie dieses Blatt rechts unten nur mit Ihrem Nachnamen.
7. Vor Ihre Unterschrift schreiben Sie bitte „Ja, Ja, Ja".
8. Sprechen Sie laut und deutlich Ihren Namen.
9. Kreisen Sie jede auf diesem Blatt erkennbare „3" ein.
10. Schreiben Sie ein „X" in die untere linke Ecke dieses Blattes.
11. Zeichnen Sie einen Kreis um das soeben geschriebene „X".
12. Sagen Sie laut, so dass sie jeder verstehen kann: „Ich bin nahezu fertig, ich habe alle Anweisungen befolgt."
13. Und nun, da Sie alles so sorgfältig durchgelesen haben, tun Sie bitte nur das, was in der Anweisung Nummer 2 steht.

Wie ist es Ihnen ergangen? Haben Sie alles sorgfältig und konzentriert gelesen, wie es bei Punkt 1 steht? Oder sind Sie unkonzentriert und oberflächlich über Punkt 1 hinweggegangen und haben sich in unnötige, operative Hektik gestürzt (mit dem Zeitlimit von 3 Minuten im Nacken)?

Wahrscheinlich hat auch die angebliche (gelogene) Bestzeit Ihren Ehrgeiz angestachelt und den Druck erhöht. Lassen Sie durch solche Rahmenbedingungen niemals Ihre Konzentration beeinflussen. Führen Sie das Training in diesem Buch konsequent durch, Sie werden davon deutlich profitieren.

TRAINING: IN FÜNF STUFEN ZU EINER BESSEREN KONZENTRATIONSFÄHIGKEIT

Das Konzentrationstraining

Das Fünf-Stufen-Training

In diesem Buch werden drei wichtige Bereiche Ihrer Konzentration trainiert. Das gesamte Training besteht aus fünf Stufen, die aufeinander aufbauen.

Stufe 1: Anfänger
Stufe 2: Mittelklasse
Stufe 3: Könner
Stufe 4: Vorbild
Stufe 5: Champion

Bereich A: Bessere Konzentration beim Lesen

Schneller und mehr verstehen, die Reizüberflutung mindern, höhere Aufmerksamkeit, Informationszusammenhänge konzentriert erfassen

Erklärung

Kennen Sie das? Sie haben eine halbe Seite gelesen und nichts verstanden – Ihre Gedanken sind abgeschweift, Ihre Konzentration hat Ihnen einen Streich gespielt, Sie müssen noch einmal von vorn anfangen. Das nennt man „regressives Lesen". Das gleiche Phänomen tritt auch in Gesprächen auf, wenn Sie unaufmerksam werden und der Faden reißt. Das passiert vielen – aber Sie können etwas dagegen tun. Wenn Sie die Übungen im Bereich A systematisch durchführen, dann werden Sie in Zukunft konzentrierter lesen, sich konzentrierter an Gesprächen beteiligen und leichter aufmerksam zuhören können.

Bereich B: Schneller geistig reagieren und entscheiden

Bessere geistige Reaktionsgeschwindigkeit, den Überblick behalten, den Faden nicht verlieren. Störungen und Unterbrechungen leichter meistern, leichteres Umschalten bei Themenwechsel

Erklärung

Sie kaufen Lebensmittel ein. Können Sie jedes Mal an der Kasse verfolgen, ob die Abrechnung stimmt? Wie gut überblicken Sie die Hektik im Berufsverkehr? Wie zielsicher können Sie Entscheidungen treffen, wenn die Zeit knapp wird und andere drängen? Das systematische Trainieren der Übungen im Bereich B erleichtert Ihnen solche Situationen.

Bereich C: Bessere Merkfähigkeit und leichteres Lernen

Konzentrierter lernen, leichter aufnehmen, besser behalten, wichtigen Gesprächen konzentrierter folgen, Kernpunkte leichter erfassen

Erklärung

Sie gehen vom Wohnzimmer in den Flur, um etwas zu erledigen – Sie kommen an und wissen nicht mehr, was Sie wollten. Oder: Jemand erzählt Ihnen etwas. Nach dem zehnten Satz können Sie sich nicht mehr an den ersten erinnern. Mit Ihrer Konzentrationsfähigkeit steht und fällt Ihr Gedächtnis. Durch die Übungen im Bereich C werden bestimmte Bereiche Ihres Gedächtnisses intensiv trainiert, vor allem das Ultrakurz- und das Kurzzeitgedächtnis. Das sind wichtige Bereiche für alles das, was Sie tagsüber tun und vom Gedächtnis kurzfristig gespeichert wird, um die Ausführung zu überwachen.

Anleitung für das Auswerten der Übungen

Sie brauchen für die Übungen eine Stoppuhr und einen Stift. Unter jeder Übung finden Sie eine Auswertungstabelle. Diese enthalten die Angaben „Versuch" und „Sekunden" manchmal auch zusätzliche Zeilen mit „Fehlerzahl" oder anderen Angaben.

In den Tabellen mit den Zeilen „Versuch" und „Sekunden" tragen Sie pro Versuch (Versuch 1, Versuch 2 etc.) die Zeit ein, die Sie brauchen, um die Übung zu machen. Sie haben die Übung jeweils geschafft, wenn Sie das rechts stehende Ziel (z. B. 80 Sekunden) erreicht haben.

Versuch	1	2	3	4	5	Ziel
Sekunden						

Sind mehr Angaben zu machen, müssen Sie zusätzlich Ihre Ergebnisse eintragen. Das kann die Anzahl der Fehler sein, die Sie gefunden haben, oder auch die Anzahl des Buchstabens, den Sie gezählt haben. Ob es eine Fehlerzahl oder ein gezählter Buchstabe ist, steht jeweils in der Tabelle. Auch hier finden Sie unter „Ziel" die Zeit, die Sie erreichen müssen, um diese Übung zu schaffen. Zudem steht dort die Anzahl der Fehler oder die Anzahl beispielsweise eines Buchstabens, den Sie finden müssen. In diesem Fall gilt die Übung erst als geschafft, wenn Sie sowohl die Zeit erreicht als auch die richtige Zahl ermittelt haben. Dann können Sie die Übung „abhaken" und die nächste Herausforderung angehen.

Versuch	1	2	3	4	5	Ziel
Sekunden						
Fehlerzahl						

Wie oft muss man üben?

Minimum: jeden Tag 1 Übung (z. B. als eine Art Pausentraining)

Maximum: 10 Übungen pro Tag

Stufe 1: Anfänger

A. Bessere Konzentration beim Lesen

Übung 1

Verfolgen Sie die Linien nur mit den Augen, nicht mit dem Finger oder einem Stift von den Zahlen zu den Buchstaben. Die Ergebnisse stehen rechts zur Kontrolle.

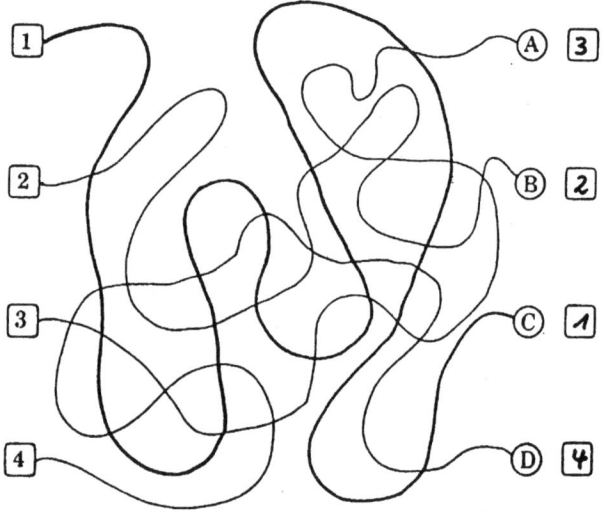

Sie haben die Übung geschafft, wenn Sie das rechts stehende Ziel erreicht haben.

Versuch	1	2	3	4	5	Ziel
Sekunden						25 Sekunden

Übung 2

Verfolgen Sie die Linien nur mit den Augen von A (Anfang) bis E (Ende) und zurück. Insgesamt 20-mal, dann gilt die Übung als einmal durchgeführt. Die Kreise, Dreiecke, Vierecke etc. dienen nur der Ablenkung.

20-mal hin und zurück

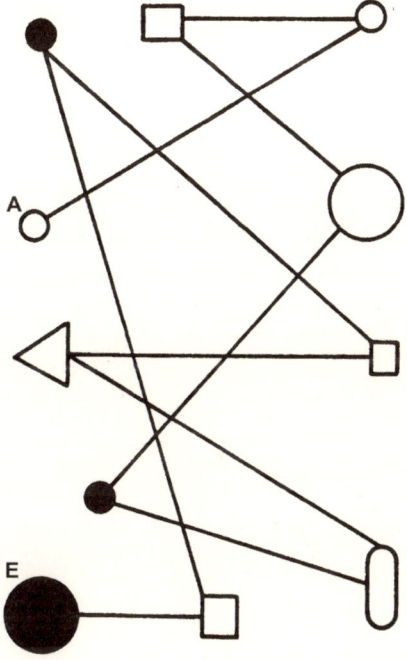

Sie haben die Übung geschafft, wenn Sie das rechts stehende Ziel erreicht haben.

Versuch	1	2	3	4	5	Ziel
Sekunden						120 Sekunden

Übung 3

In jedem Zahlenpaket stehen zwei zweistellige Zahlen untereinander, zum Beispiel:

22	86
23	86

Zählen Sie die Fehler. Als Fehler gilt, wenn die obere Zahl mit der unteren Zahl nicht übereinstimmt.

22	86	01	45	82	73
23	86	01	46	82	73
42	79	18	51	34	27
42	73	18	51	31	27
81	54	33	97	28	15
81	54	33	97	28	15
02	41	74	83	96	28
05	41	44	83	99	28
18	39	71	56	84	19
18	36	77	56	84	19
95	66	14	21	48	53
95	66	14	22	43	53

45	89	54	15	67	74
45	89	57	15	67	77
61	08	17	32	24	48
62	08	17	33	24	48
37	49	87	14	25	61
37	46	37	14	25	67
70	29	09	52	62	85
70	29	09	52	67	85
56	77	36	63	30	41
59	74	36	63	30	41
21	63	18	23	27	57
21	63	18	22	77	57

Sie haben die Übung geschafft, wenn Sie das rechts stehende
Ziel erreicht haben.

Versuch	1	2	3	4	5	Ziel
Sekunden						60 Sekunden
Fehlerzahl						23

Übung 4

Bitte zählen Sie, wie oft der Buchstabe „n" vorkommt.

we	jkl	fjvm	finnl
gk	klo	bhgt	lkkkmng
sa	hst	menn	klpoj
cs	fds	okjn	kpzxm
jk	ztg	nklm	ghrte
ub	mnb	ghdf	tgbvf
kn	gft	bnhg	asdfg
kl	poi	jhuy	gftre
hg	nmm	tred	wsdaq
pl	jhy	mnbg	lkmnb
ob	gtr	bart	bhgtr
po	liz	eute	nkiug
bn	mkj	uijh	ghytf
gh	jhh	nnhh	fcdvx

Sie haben die Übung geschafft, wenn Sie das rechts stehende Ziel erreicht haben.

Versuch	1	2	3	4	5	Ziel
Sekunden						45 Sekunden
Anzahl „n"						17

Übung 5

Bitte lesen Sie die folgenden Worte nicht Zeile für Zeile,
sondern senkrecht, indem Ihr Blick über die Mittellinie von
oben nach unten gleitet. Trotzdem sollen Sie dabei, ohne nach
rechts oder links auszuweichen, die einzelnen Worte verstehen
(nicht im Gedächtnis behalten, sondern lediglich verstehen).

```
        verflixt oft
      lange Straße
      Rosen kaufen
      neue Ordnung
      öfter    frieren
      wer  liest   vor
      heute   lustlos
      so   aber  nicht
      laufen   lassen
      selber   mutlos
      ich  sehe  dich
      besser   nutzen
      Sonne   scheint
      hinter   Bäumen
      oft    inhalieren
      netter   Kellner
      nicht  zu  lange
      selten  im Haus
      kurz  anschauen
      schön  aussehen
```

Sie haben die Übung geschafft, wenn Sie das rechts stehende
Ziel erreicht haben.

Versuch	1	2	3	4	5	Ziel
Sekunden						20 Sekunden

B. Schneller geistig reagieren und entscheiden

Übung 6

Bitte finden Sie die Buchstaben von A bis Z mit den Augen.
Dabei können Sie Ihren Finger oder einen Stift zu Hilfe
nehmen. Kreuzen Sie aber nichts an, damit Sie diese Übung
öfter machen können.

Sie haben die Übung geschafft, wenn Sie das rechts stehende
Ziel erreicht haben.

Versuch	1	2	3	4	5	Ziel
Sekunden						50 Sekunden

Übung 7

Bitte finden Sie die Zahlen von 1 bis 30 mit den Augen. Dabei können Sie Ihren Finger oder einen Stift zu Hilfe nehmen. Kreuzen Sie aber nichts an, damit Sie diese Übung öfter machen können.

Sie haben die Übung geschafft, wenn Sie das rechts stehende Ziel erreicht haben.

Versuch	1	2	3	4	5	Ziel
Sekunden						75 Sekunden

Übung 8

Bitte lesen Sie diesen Text so schnell wie möglich. Achten Sie aber darauf, dass Sie ihn gleichzeitig verstehen.

Wie enie Siudte eneir ecglnesihn Uirvetsniät hurasegdeunfen htate, ist es nciht whicitg, in wlhceer Refhelinoge die Buahbscten in eienm Wrot sethen.

Das eiznig Wihictge ist, dass der esrte und der leztte Buacsthbe an der rhigciten Seltle sethen msüesn, dmait wir den Snin des Wroets erenknen.

Die Bubhsctaen in der Mtite knöen ein kotlepmltes Choas afuewisen, trdtzoem knan man onhe Pmrolebe den Sinn ersfsaen. Wir berhactten nimläch nhict jdeen Bcuhtsaben eiznlen, sodrnen das Wrot als geatmses.

Das ist ehct faseneiezrnd! Es fuoknteinirt wiikrlch …

Sie haben die Übung geschafft, wenn Sie das rechts stehende Ziel erreicht haben.

Versuch	1	2	3	4	5	Ziel
Sekunden						40 Sekunden

Übung 9

Die folgende Figur hat zwei verschiedene Perspektiven, die automatisch wechseln, wenn Sie die Figur eine Zeit lang ruhig betrachten. Sie sollen nun den Wechsel dieser Perspektiven ganz gezielt beeinflussen. Das gelingt Ihnen dadurch, dass Sie sich entweder an Flächen, an Kanten oder an Ecken der Figur orientieren, und es setzt voraus, dass Ihnen räumlich klar ist, welche zwei Möglichkeiten der Würfel hat, sich darzustellen.

Wenn Sie sich über die beiden Perspektiven klar geworden sind, dann beginnen Sie, gezielt Ihre innere Erwartungshaltung zu variieren, die Sie von dieser Figur haben, dabei orientieren Sie sich an Flächen, Kanten oder Ecken. Dadurch wird die Figur hin- und herspringen. Einmal hin- und herkippen zählt als ein Durchgang.

Die Übung gilt als durchgeführt, wenn Sie 20 Durchgänge geschafft haben.

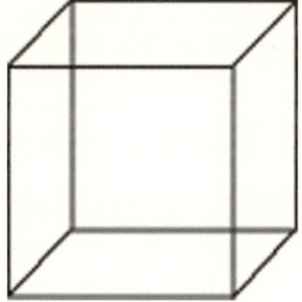

Sie haben die Übung geschafft, wenn Sie das rechts stehende Ziel erreicht haben.

Versuch	1	2	3	4	5	Ziel
Sekunden						70 Sekunden

Übung 10

Bitte zeichnen Sie diese beiden Linien mit dem Bleistift spiegelbildlich nach. Gemeint ist eine horizontale Spiegelachse, das heißt, wenn die Linie nach oben geht, dann geht Ihre Bleistiftlinie nach unten. Geht die gedruckte Linie nach unten, dann geht Ihre Bleistiftlinie nach oben und so fort. Als Beispiel ist der Anfang der ersten Linie bereits eingezeichnet. Bitte benutzen Sie für Ihre Bleistiftlinie ein leeres Blatt, das Sie unter die gedruckte Linie legen. Die vorgegebene Übungszeit gilt für beide Linien zusammen.

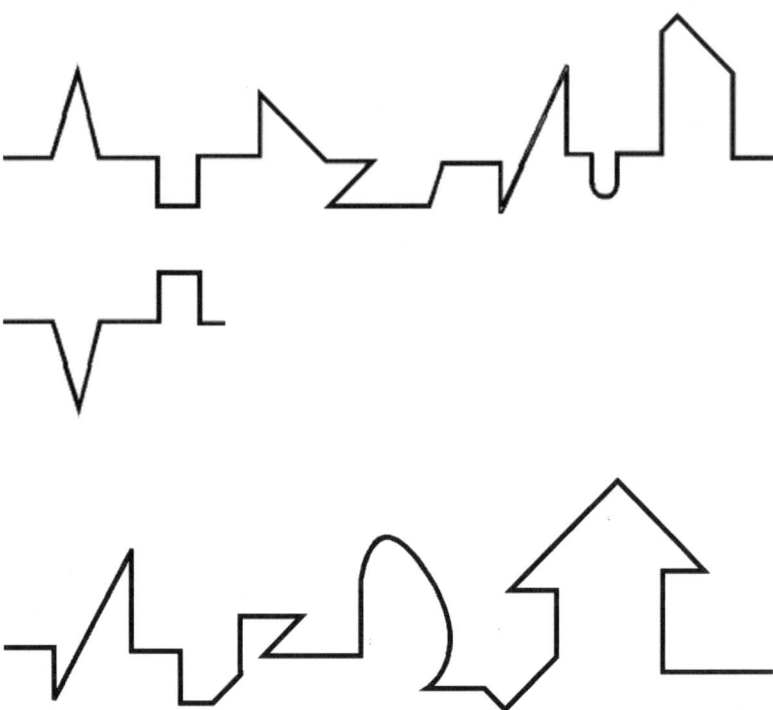

Sie haben die Übung geschafft, wenn Sie das rechts stehende Ziel erreicht haben.

Versuch	1	2	3	4	5	Ziel
Sekunden						105 Sekunden

C. Bessere Merkfähigkeit und leichteres Lernen

Übung 11

Bitte lesen Sie jeweils eine Zahl und wiederholen Sie sie aus dem Gedächtnis laut in Ziffern. Sie lesen also 3847 und sagen dann laut: 3 8 4 7. Verfahren Sie so mit allen zehn Zahlen.

7 6 5 1
5 6 8 4
3 7 6 8
9 8 2 5
2 4 7 3
2 1 8 6
0 3 1 2
2 7 0 4
8 5 2 6
6 2 0 8

Sie haben die Übung geschafft, wenn Sie das rechts stehende Ziel erreicht haben.

Versuch	1	2	3	4	5	Ziel
Sekunden						45 Sekunden

Übung 12

Bei den folgenden Sätzen steht vor und hinter jedem Wort ein überflüssiger Buchstabe. Lesen und verstehen Sie die Sätze dennoch so schnell wie möglich.

Michm rfahrer kgernef dmite adems Hzuga.
Lheuten kleser miche deinp pinteressantese Mbuchi.
Hgesterne khatten diche Lgeburtstaga.
Iwire kfahrens smorgens fine Vurlauba.
Iwire shabens keine lgroßese Khause.
Michn lesser wsehre tgernen Rschokoladen.
Swire sgehens theuten rabende einse Rkinof.
Dime Ksommers sfahren miche sgernen kmite rdemo Bfahrrade.
Mdase Rhause kaufe bdere trechtens Bseiten dhate meine brotese Fdache.
Michl khaben keines rwunderschönes hweißen Kblusen.

Sie haben die Übung geschafft, wenn Sie das rechts stehende Ziel erreicht haben.

Versuch	1	2	3	4	5	Ziel
Sekunden						95 Sekunden

Übung 13

Bitte zählen Sie innerhalb von vier Minuten laut oder im Kopf
(nicht schriftlich) von 1 bis 99, und zwar vorwärts und rückwärts gleichzeitig.

Beispiel:	1 / 99
	2 / 98
	3 / 97
	4 / 96
	usw.

Die Summe der jeweils 2 Zahlen muss immer 100 ergeben. Die
Übung ist beendet, wenn Sie bei 50/50 angelangt sind.

Sie haben die Übung geschafft, wenn Sie das rechts stehende
Ziel erreicht haben.

Versuch	1	2	3	4	5	Ziel
Sekunden						240 Sekunden

Übung 14

Bitte schauen Sie sich das Wort Auto an. Es beginnt mit A und endet mit O.

Suchen Sie jetzt das Wort, das mit O beginnt. Sie werden sehen, es endet mit L. Suchen Sie nun das Wort, das mit L beginnt, usw. Fahren Sie so lange fort, bis Sie wieder bei dem Wort Auto angelangt sind.

Wenn Sie die Übung wiederholen, beginnen Sie mit einem anderen Wort, zum Beispiel mit Elefant, und suchen als nächstes das Wort, das mit T beginnt, usw., bis Sie wieder bei Elefant landen.

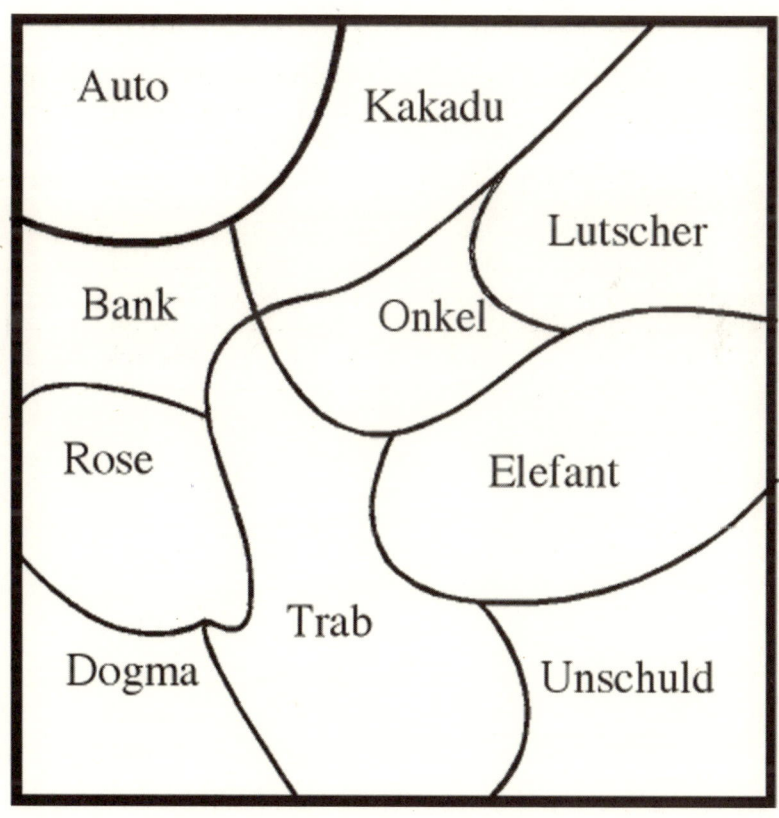

Sie haben die Übung geschafft, wenn Sie das rechts stehende
Ziel erreicht haben..

Versuch	1	2	3	4	5	Ziel
Sekunden						35 Sekunden

Übung 15

Schauen Sie sich die folgenden Wörter nacheinander an, und zwar jedes Wort maximal 3 Sekunden lang, dann schauen Sie weg und sprechen das Wort laut rückwärts aus. Auf diese Art arbeiten Sie sich vom ersten bis zum letzten Wort durch die Liste.

Moor	leer
Pelz	Zaun
Reue	voll
Boot	Erbe
raus	Moos
lose	Raum
reif	Tipp
nass	Teig
Gold	Meer
Boot	Land
Pony	Guss
Bein	Volk
Film	Rute
Müll	Fall
Bier	Glas

Sie haben die Übung geschafft, wenn Sie das rechts stehende Ziel erreicht haben.

Versuch	1	2	3	4	5	Ziel
Sekunden						150 Sekunden

Sonderübungen

Sonderübung 16: Begriffe aus dem Bankwesen suchen

Finden Sie in diesem Buchstabensalat die folgenden Wörter. Sie sind alle waagerecht, entweder vorwärts oder rückwärts geschrieben:
Zinsen, Geld, Aktie, Kredit, Börse, Sparbuch, Scheck

SGNDLFHJGTRHLGNJWRÖERGERRHSEGERIGHERO

DDHMTHKKSPARBUCHRSDGKPKIJTIDERKNGERGJÜ

EKJWEGKJGJNBNRSCHECKKSJRRGRGGELDMBLPW

SJSJHGVERBNETHZHRWDBWKEJFNRGJBNITGELZX

VGMGRAKTIEKVNSGRLERBLMESRÖBRGHK5HK5HZ

NFBÖRDGERGHEROPGHKKTHSERPOTPERGHJNASJ

SENFGSDSRGNKGZINSENSDERIGHSHWERGJMFBR

QSGNJGEHSJWKDQNXCVBDFJRGKNFBTHTÄWVCCV

DBFDLEGFEHWEJFEFWEBÖRSEFGREHGJRGERRKÖ

BDFVKRBNERTGJEPZTPJPQWWRRGRMBMÄDSGÖW

Sie haben die Übung geschafft, wenn Sie das rechts stehende Ziel erreicht haben.

Versuch	1	2	3	4	5	Ziel
Sekunden						120 Sekunden

Sonderübung 17: Tiere im Text suchen

Finden Sie im folgenden Buchstabensalat Tiernamen. Sie sind waagerecht, entweder rückwärts oder vorwärts geschrieben.

DSVNHUNDMSEOGKATZESDNSUAMRMGFKJA

JJSBGAMEISEMRMGWELLENSITTICHDFMPAW

ÜLFGELEFANTSDFENILPFERDDSLEGIFVYMRE

YDNWESPESDWILDSCHWEINASHIRSCHWSGN

DNASHORNDNEWGFHENNEDNVQBIENEMSRG

DSNGRKOLIBRISJEEFAMSELSEFASSELCVEIW

GGWEIGTSCHNECKESDNGHAIFNSPECHTSEM

EKWÜHLMAUSFGNRGJJRFUCHSSFSPOMNFG

Sie haben die Übung geschafft, wenn Sie das rechts stehende Ziel erreicht haben.

Versuch	1	2	3	4	5	Ziel
Sekunden						150 Sekunden
Anzahl Tiere						22

Stufe 2: Mittelklasse

A. Bessere Konzentration beim Lesen

Übung 18

Verfolgen Sie die Linien nur mit den Augen, nicht mit dem
Finger oder einem Stift von den Zahlen zu den Buchstaben.
Die Ergebnisse stehen rechts zur Kontrolle.

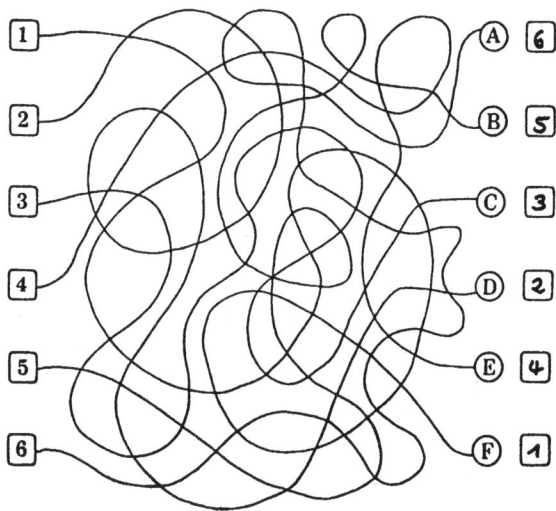

Sie haben die Übung geschafft, wenn Sie das rechts stehende
Ziel erreicht haben.

Versuch	1	2	3	4	5	Ziel
Sekunden						40 Sekunden

Übung 19

Verfolgen Sie die Linien nur mit den Augen von A (Anfang) bis
E (Ende) und zurück, und zwar insgesamt 20-mal, dann gilt die
Übung als einmal durchgeführt. Die Kreise, Dreiecke, Vierecke
etc. dienen nur der Ablenkung.

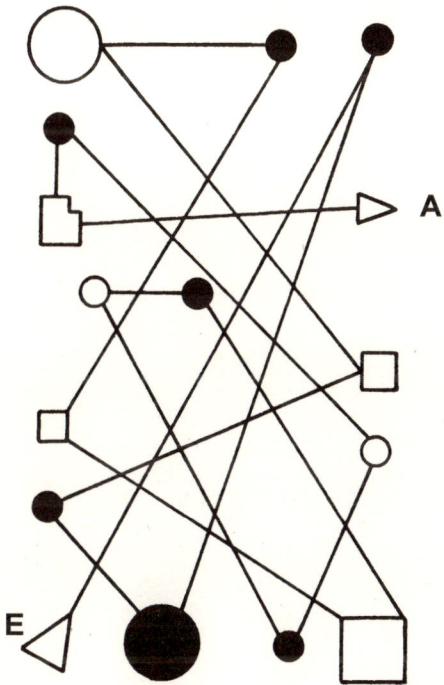

Sie haben die Übung geschafft, wenn Sie das rechts stehende
Ziel erreicht haben.

Versuch	1	2	3	4	5	Ziel
Sekunden						300 Sekunden

Übung 20

In jedem Zahlenpaket stehen jeweils zwei dreistellige Zahlen untereinander, zum Beispiel:

467   538

467   588

Zählen Sie die Fehler. Als Fehler gilt, wenn die obere Zahl mit der unteren Zahl nicht übereinstimmt.

467	538	793	109	441	690
467	588	793	109	441	660
184	371	506	217	884	352
187	371	506	277	384	352
538	255	675	333	417	576
538	255	645	332	417	576
242	182	561	717	924	603
241	182	561	417	924	608
951	581	473	205	663	351
951	582	473	205	693	351
674	217	596	714	029	883
674	217	596	774	019	883

388	458	601	597	254	754
388	438	601	594	254	764
725	182	097	743	556	470
425	182	067	743	526	470
019	589	014	156	715	345
019	539	014	146	715	345
853	678	901	123	345	702
853	648	901	133	345	707
224	492	711	004	942	689
214	462	711	004	942	689
751	981	271	449	362	581
751	982	271	449	362	581

Sie haben die Übung geschafft, wenn Sie das rechts stehende Ziel erreicht haben.

Versuch	1	2	3	4	5	Ziel
Sekunden						80 Sekunden
Fehlerzahl						28

Übung 21

Bitte stellen Sie fest, wie viele Verneinungen und Umkehrungen in dem nachfolgenden Text enthalten sind. Verneinungen sind zum Beispiel nicht, kein, niemals, Umkehrungen sind Begriffe wie unschuldig etc.

Als ich gestern die Niemalslandstraße entlangfuhr, kamen mir keine Kinder entgegen, was für die Mittagszeit sehr ungewöhnlich war. Ich fuhr deshalb bis zur Schule weiter, die am Ende der Straße lag, um zu sehen, was passiert war. Dort aber traf ich keinen Menschen, die Schule war leer und die Kinder waren nicht in ihren Klassenzimmern. Wo waren sie? Was war geschehen? Bei meiner Überprüfung konnte ich nichts feststellen. Also fuhr ich weiter zur Polizei, wo ich mein Auto unvorschriftsmäßig auf dem Bürgersteig parkte, um zu erfahren, wo die Kinder stecken konnten. Dort stellte sich zu meiner Erleichterung heraus, dass ich mir keine Sorgen zu machen brauchte, da die Kinder heute nur ihren alljährlichen Wanderausflug in die nähere Umgebung machten und somit natürlich nicht in der Schule anzutreffen waren. Dank dieser Auskunft war ich meine Sorgen los und konnte nun beruhigt weiterfahren.

Sie haben die Übung geschafft, wenn Sie das rechts stehende Ziel erreicht haben.

Versuch	1	2	3	4	5	Ziel
Sekunden						50
Verneinungen und Umkehrungen						9

Übung 22

Bitte lesen Sie die folgenden Wörter nicht Zeile für Zeile
sondern senkrecht, indem Ihr Blick über die Mittellinie von
oben nach unten gleitet. Trotzdem sollen Sie dabei, ohne nach
rechts oder links auszuweichen, die einzelnen Wörter verstehen
(nicht im Gedächtnis behalten, sondern lediglich verstehen).

Winterzeit
Eingangstür
Aschenbecher
Videorecorder
Balkongeländer
Blickspannübung
Kartenvorverkauf
Tanzveranstaltung
Schulungsprogramme
Tochtergesellschaft
Sozialversicherungen
Konzentrationsübungen
Informationseinheiten
sechshundertdreizehn
Zentralverriegelung
Meisterschaftslauf
Alterspräsidentin
Handlungsgehilfe
Buchstabensalat
Fahrradständer
Stempelkissen
Nivellierung
Grundschuld
Schlagzahl

Sie haben die Übung geschafft, wenn Sie das rechts stehende Ziel erreicht haben.

Versuch	1	2	3	4	5	Ziel
Sekunden						35 Sekunden

B. Schneller geistig reagieren und entscheiden

Übung 23

Zählen Sie die Zahlen mit 1 beginnend **vorwärts und rückwärts** durch und tippen Sie auf die jeweilige Zahl. Die letzte Zahl ist 33. Bitte nichts ankreuzen.

Sie haben die Übung geschafft, wenn Sie das rechts stehende Ziel erreicht haben.

Versuch	1	2	3	4	5	Ziel
Sekunden						260 Sekunden

Übung 24

Zählen Sie die Zahlen mit 1 beginnend **vorwärts und rückwärts**
durch und tippen Sie auf die jeweilige Zahl. Die letzte Zahl ist
20. Bitte nichts ankreuzen.

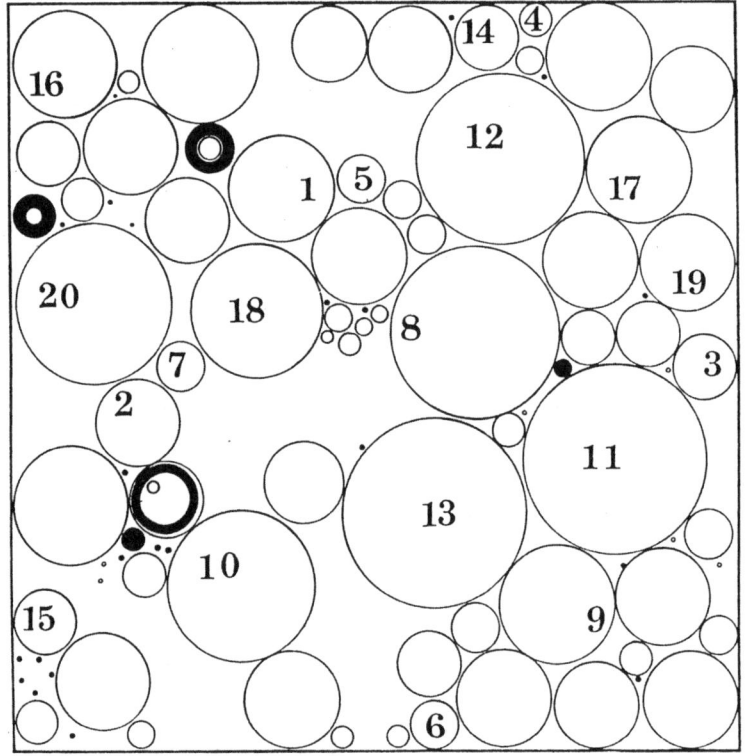

Sie haben die Übung geschafft, wenn Sie das rechts stehende
Ziel erreicht haben.

Versuch	1	2	3	4	5	Ziel
Sekunden						90 Sekunden

Übung 25

Lesen Sie den folgenden Text mit hoher Konzentration. Die untere Hälfte der Buchstaben fehlt und muss von Ihnen – natürlich nur im Kopf – ergänzt werden, damit Sie den Sinn herauslesen können.

Das menschliche Auge ist beim Lesen in
der Lage auf einen großen Teil der
Informationen zu verzichten ohne deshalb
einen Text misszuverstehen!

Selbst dann wenn der untere Teil der
Buchstaben eines Textes fehlt lässt sich die
Information noch erkennen.
Der Beweis ist der vorliegende Text
den Sie im Moment lesen und verstehen!

Gleichzeitig bedeutet das Lesen eines solchen
Textes für Sie ein sehr gutes Training, nämlich
die Fähigkeit möglichst schnell ohne großen
Aufwand den Sinn eines Textes aufzunehmen
und zu verstehen.

Wenn Sie sich entsprechend konzentrieren
dann haben Sie diesen Text auch verstanden.
Schon sehr gut!

Sie haben die Übung geschafft, wenn Sie das rechts stehende Ziel erreicht haben.

Versuch	1	2	3	4	5	Ziel
Sekunden						40 Sekunden

Übung 26

Diese Übung schult wieder Ihre Konzentrationsfähigkeit in Verbindung mit Ihrem Vorstellungsvermögen. Sie werden in die Lage versetzt, besser und schneller von einem Thema auf ein anderes umzuschalten, zum Beispiel wenn Sie durch ein Telefonat aus einem Gespräch herausgerissen werden.

Konzentrieren Sie sich auf die Figur und lassen Sie sie in der Perspektive „kippen". Einmal hin- und hergekippt zählt als ein Durchgang. Die Übung gilt als durchgeführt, wenn Sie 20 Durchgänge geschafft haben.

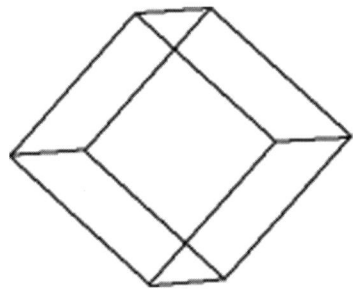

Sie haben die Übung geschafft, wenn Sie das rechts stehende Ziel erreicht haben.

Versuch	1	2	3	4	5	Ziel
Sekunden						40 Sekunden

Übung 27

Bitte zeichnen Sie jede dieser Linien mit dem Bleistift spiegel-bildlich nach. Gemeint ist eine horizontale Spiegelachse, das heißt, wenn diese Linie nach oben geht, dann geht Ihre Bleistiftlinie nach unten. Geht die gedruckte Linie nach unten, dann geht Ihre Bleistiftlinie nach oben und so fort. Bitte benutzen Sie für Ihre Bleistiftlinie ein leeres Blatt, das Sie unter die gedruckte Linie legen. Die vorgegebene Übungszeit gilt für beide Linien zusammen.

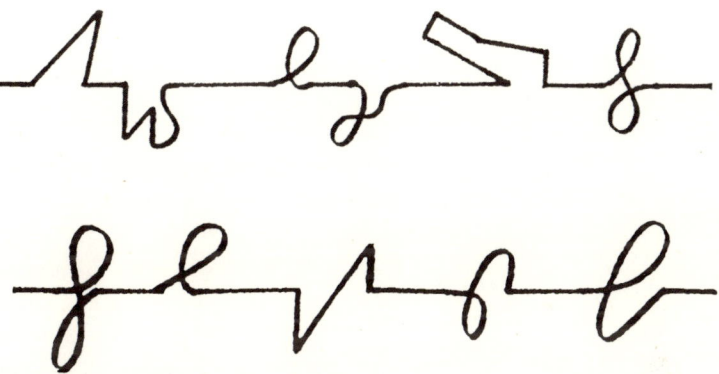

Sie haben die Übung geschafft, wenn Sie das rechts stehende Ziel erreicht haben.

Versuch	1	2	3	4	5	Ziel
Sekunden						70 Sekunden

C. Bessere Merkfähigkeit und leichteres Lernen

Übung 28

Bitte lesen Sie jeweils eine Zahl und wiederholen Sie sie aus dem Gedächtnis laut in Ziffern. Sie lesen also 59128 und sagen dann laut: 5 9 1 2 8.

5 9 1 2 8
7 3 4 6 1
9 4 0 2 5
5 4 6 3 8
2 6 5 7 1
8 7 2 9 1
1 5 7 9 6
3 7 5 6 2
6 1 4 3 0
4 9 8 5 3

Sie haben die Übung geschafft, wenn Sie das rechts stehende Ziel erreicht haben.

Versuch	1	2	3	4	5	Ziel
Sekunden						40 Sekunden

Übung 29

Bitte lesen Sie den Text laut vor. Aber nicht so, wie er hier steht, in der Gegenwartsform, sondern in der Vergangenheitsform. Bitte formulieren Sie den Text direkt beim Lesen um.

Jeder freut sich, wenn die Sonne scheint. Es regnet in unseren Breitengraden ja leider oft genug. Für die Autofahrer aber kann die Sonne mitunter recht unangenehm, ja gefährlich sein. Vor allem in den Nachmittags- und Abendstunden, wenn die Sonne schon tief steht, ist die Blendung oft so stark, dass der Fahrer praktisch „blind" wird. Eine gute Sonnenbrille – nicht nur gefärbte Gläser – gehören deshalb zur unentbehrlichen Ausrüstung eines Kraftfahrers. Aber auch sie kann die Blendwirkung oft nicht ganz verhindern. Eine wertvolle Hilfe ist die über der Windschutzscheibe montierte Sonnenblende, die wenigstens einen direkten Sonneneinfall verhindert. Unverständlich, dass sie von vielen Kraftfahrern überhaupt nicht benutzt wird. Das Sichtfeld wird durch sie zwar etwas eingeengt, aber man kann wenigstens auf kurze Entfernung die Fahrbahn einwandfrei überblicken – und darauf kommt es schließlich an. Ein geblendeter Kraftfahrer muss ja seine Geschwindigkeit ohnehin so weit herabsetzen, dass er sein Fahrzeug notfalls noch anhalten kann, wenn vor ihm ein Hindernis auftaucht. Langsam fahren ist also bei Sonnenblendung das erste Gebot. Es gilt vor allem vor Kreuzungen. Gegen die tief stehende Sonne lässt sich oft nicht einmal erkennen, ob die Ampel Grün oder Rot zeigt. Der Fahrer darf die Kreuzung jedoch auf jeden Fall erst dann überqueren, wenn er absolut sicher sein kann, dass seine Fahrtrichtung freigegeben ist.

Sie haben die Übung geschafft, wenn Sie das rechts stehende
Ziel erreicht haben.

Versuch	1	2	3	4	5	Ziel
Sekunden						210 Sekunden

Übung 30

Bitte zählen Sie laut oder im Kopf (nicht schriftlich) von 1 bis 99, und zwar vorwärts und rückwärts gleichzeitig.

Beispiel:	1 / 100
	2 / 99
	3 / 98
	4 / 97
	usw.

Die Summe der jeweils 2 Zahlen muss immer 101 ergeben. Die Übung ist beendet, wenn Sie bei 50/51 angelangt sind.

Sie haben die Übung geschafft, wenn Sie das rechts stehende Ziel erreicht haben.

Versuch	1	2	3	4	5	Ziel
Sekunden						240 Sekunden

Übung 31

Finden Sie die Zahlen auf der Tafel in der Reihenfolge eins, zwei, drei usw. bis zwanzig und sofort wieder rückwärts in der Reihenfolge zwanzig, neunzehn, achtzehn usw. bis eins. Dann ist die Übung geschafft. Bitte finden Sie die Zahlen nur mit dem Auge, kreuzen Sie nichts an.

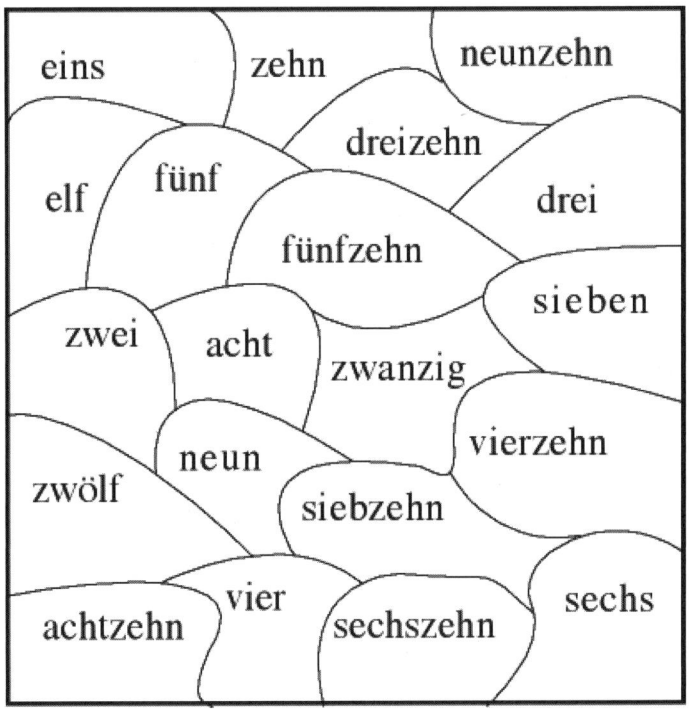

Sie haben die Übung geschafft, wenn Sie das rechts stehende Ziel erreicht haben.

Versuch	1	2	3	4	5	Ziel
Sekunden						120 Sekunden

Übung 32

In jedem der folgenden 20 Wortpaare stimmen zwei Buchstaben nicht überein. Welche sind es? Lesen Sie die beiden Buchstaben jeweils laut vor. Beispiel Hand – Hund: Hier stimmen die beiden Buchstaben a und u nicht überein. Sie lesen also laut: a, u.

Bitte finden Sie jeweils so schnell wie möglich die beiden Buchstaben, die **nicht** übereinstimmen. Kreuzen Sie nichts an. Sie sollen sich die Buchstaben auch nicht merken, sondern nur so schnell wie möglich finden und dabei laut vorlesen.

Mund	–	Mond	picken	–	packen
Uhr	–	Ohr	Weide	–	Heide
Hand	–	Hund	Katze	–	Tatze
Haus	–	Maus	Wanne	–	Wonne
Pappe	–	Puppe	Tenne	–	Tanne
Kanne	–	Tanne	Wanne	–	Kanne
Sonne	–	Wonne	Hose	–	Hase
Rasen	–	Rosen	Buch	–	Bach
Nelken	–	Welken	Ratte	–	Watte
Wicken	–	Wecken	Kufe	–	Hufe

Sie haben die Übung geschafft, wenn Sie das rechts stehende Ziel erreicht haben.

Versuch	1	2	3	4	5	Ziel
Sekunden						40 Sekunden

Sonderübungen

Sonderübung 33

Bitte suchen Sie für die vorgegebenen Wörter je zwei sinnverwandte Wörter (Synonyme).

1. Begeisterung _____
2. Fahrer _____
3. Schund _____
4. Fahne _____
5. Schicksal _____
6. Bitte _____
7. Gesicht _____
8. nachmachen _____
9. Nachricht _____
10. nachlässig _____
11. hinnehmen _____
12. Gehalt _____
13. Einfall _____
14. Gefängnis _____
15. eine Strafpredigt halten _____

Sie haben die Übung geschafft, wenn Sie das rechts stehende Ziel erreicht haben.

Versuch	1	2	3	4	5	Ziel
Sekunden						90 Sekunden

Sonderübung 34

Zählen Sie bitte die Werte der Symbole und errechnen Sie den Gesamtwert. Die Richtzeit kann nur eingehalten werden, wenn Sie ökonomisch arbeiten. Denken Sie zunächst darüber nach, wie Sie vorgehen sollten.

Runde, ungefüllte Symbole:	1 Punkt
Eckige, ungefüllte Symbole:	2 Punkte
Runde, gefüllte Symbole:	3 Punkte
Eckige, gefüllte Symbole:	4 Punkte

Sie haben die Übung geschafft, wenn Sie das rechts stehende Ziel erreicht haben.

Versuch	1	2	3	4	5	Ziel
Sekunden						200 Sekunden
Summe der Punkte						177

Stufe 3: Könner

A. Bessere Konzentration beim Lesen

Übung 35

Verfolgen Sie die Linien nur mit den Augen, nicht mit dem Finger oder einem Stift, von den Zahlen zu den Buchstaben. Die Ergebnisse stehen rechts zur Kontrolle.

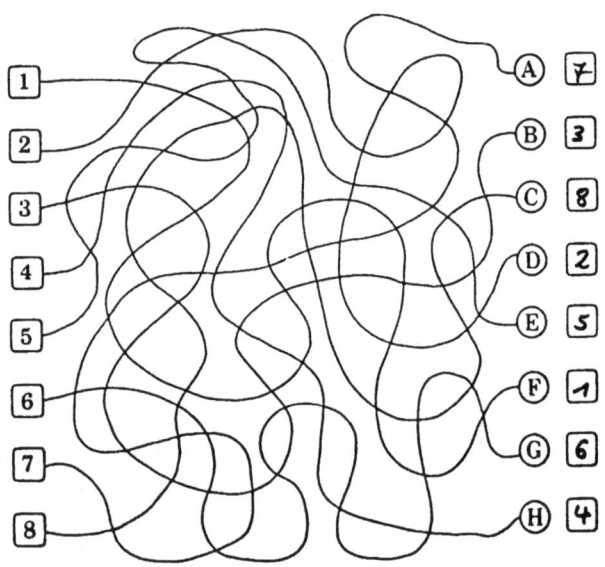

Sie haben die Übung geschafft, wenn Sie das rechts stehende Ziel erreicht haben.

Versuch	1	2	3	4	5	Ziel
Sekunden						25 Sekunden

Übung 36

Suchen Sie nur mit den Augen, nicht mit dem Finger oder einem Stift, in dem Irrgarten den Weg von „Start" nach „A". Verzweifeln Sie nicht, es gibt einen Weg!

Sie haben die Übung geschafft, wenn Sie das rechts stehende Ziel erreicht haben.

Versuch	1	2	3	4	5	Ziel
Sekunden						15 Sekunden

Übung 37

In jedem Zahlenpaket stehen jeweils zwei vierstellige Zahlen untereinander, zum Beispiel:

7.5.69   3.1.70

7.5.69   3.2.70

Zählen Sie die Fehler. Als Fehler gilt, wenn die obere Zahl mit der unteren Zahl nicht übereinstimmt.

7.5.69	3.1.70	4.8.49	7.1.71	9.2.81	1.4.65
7.5.69	3.2.70	4.8.49	7.1.41	9.3.81	1.4.65
4.8.70	6.3.39	8.2.40	3.4.67	1.3.49	7.9.43
4.9.70	9.3.39	8.2.40	3.4.67	1.8.49	7.9.43
1.3.47	5.6.77	8.9.33	2.3.10	5.9.56	4.7.66
1.3.47	5.9.77	8.9.38	2.3.10	5.9.56	4.7.66
2.6.46	6.1.40	3.3.16	8.1.42	4.8.48	3.8.44
2.6.46	6.1.40	3.3.16	8.1.42	4.8.48	3.8.74
9.8.35	2.6.38	7.7.34	4.3.91	6.5.72	5.7.32
9.8.85	2.6.38	7.4.34	4.3.92	6.5.72	5.7.32
3.4.44	7.9.49	8.1.79	5.5.88	2.7.87	2.4.39
3.4.44	7.6.49	8.1.79	5.5.38	2.7.87	2.4.38

6.9.70	5.2.81	2.5.50	8.7.94	3.6.35	6.2.81
6.9.70	5.3.81	2.6.50	8.7.94	3.6.35	6.2.81
1.6.13	4.7.35	1.4.83	7.9.33	5.2.01	6.8.47
1.6.13	4.7.85	1.4.83	4.9.33	5.1.01	9.8.47
5.2.68	2.2.42	3.6.67	1.8.57	4.5.32	9.5.36
5.2.69	2.2.42	3.9.67	1.8.57	4.5.22	9.5.36
8.4.67	9.5.18	5.6.91	6.7.53	2.1.43	7.8.55
8.4.67	9.5.13	5.6.92	6.7.53	2.1.43	4.8.55
7.7.35	8.4.54	2.1.37	9.3.41	5.6.83	3.5.43
7.7.35	8.4.54	2.1.37	9.3.41	5.6.83	3.5.43
6.4.47	1.7.77	9.7.77	7.6.87	9.8.99	2.6.71
6.4.47	1.4.77	9.7.77	7.7.87	9.3.99	2.6.72

Sie haben die Übung geschafft, wenn Sie das rechts stehende Ziel erreicht haben.

Versuch	1	2	3	4	5	Ziel
Sekunden						75 Sekunden
Fehler						31

Übung 38

Bitte zählen Sie, wie oft im 1. Buchstabensalat der Buchstabe „m" vorkommt und im 2. Buchstabensalat der Buchstabe „b".

dkeiirofldmwnshdrmgotlgmdksmeddmqmrofhltormedhsqwemfdfig
mdmmedksieälömöjnglnnlflelslxlalwlflmlgofmdemdemsdjfmvksmlki
ghwsxcvkmayxcvbnmkjhgmfdsawemdfgrfrfrmfrmfdeifkmbjfeufmms
wkbmfdjfmdhezrutfhdgstwedmfgkhnmgjfmgjtiziuojkmasxsmdfenb
mgftcvndhfzrmnwshdnmwhshdmmwhsbchdkglköiouizutzrmnkgjhfr
udmehjgmdnsbagwmnbvjfuthfmvncgdtesxccmvjfutrhfvmbnfkhouhk
ehdwimnbvcxymkjhgfdsaqmäölkjiopümhztrewqasxcdmfvgtbtzhnm
gjmwwwiwieurzthghfjdkslaövmcnxmdkjgjturskfgkgmjdjhgndfmmd
kkegöäüiwoeurfkdlxmcmbjgmbjguthrmfvhfgetwvmmfhdhrhfmdhfm
fremomuu

Sie haben die Übung geschafft, wenn Sie das rechts stehende Ziel erreicht haben.

Versuch	1	2	3	4	5	Ziel
Sekunden						60 Sekunden
Anzahl „m"						68

dkfkgkbnvjfjdieiritounmdkakwsfbeurbfhdeofmbjgotpzöhkddeepüoi
dbndjutizignbjfjdjejsjwjajycvmnkhjgjfbljökälüolibfkgbfrbmnkjiufre
wsuruewkcnbkfkekkbkgitozohkbnedntreunmbmvncbxvygsbdbfjgk
ojkoukznrbebwbsbcgdgrzthgbvbfhrbgkjjlköällkjhgfdssacvxbbvnbj
gntnfnendnandnfngmjkkbrufbhdgebsbwgfshjtngnfbrbfvcvdvevtvzv
unikhlblmihiejvbcbsjwbfkbpjpkljhkziopüäölihkkfnbmnmnmbhfzrtet
wsvxbcbvnbhgzrutigohnbniwoqpapypxpcpvmnbkgkfnvndjsiwiedf
hvbdhfurbabsbxbchdjgooubbfhdhebbbwisiklibbfkrowpwpdpbpcp
dpspwpeptpzpklkbjdjebbbwksjxhvhebbrbtizmi

Sie haben die Übung geschafft, wenn Sie das rechts stehende
Ziel erreicht haben.

Versuch	1	2	3	4	5	Ziel
Sekunden						85 Sekunden
Anzahl „b"						65

Übung 39

In jeder Zeile finden Sie zwei Aussagen mit einer Zahl in Klammern, (1) und (2), sowie eine Aussage ohne Klammer. Die Aussage ohne Klammer ist Ihre Bezugsinformation. Entscheiden Sie in Gedanken, ob jeweils (1) oder (2) am besten dazu passt. Zum Beispiel in der ersten Zeile: Zu „schnell" passt „(1) Auto" usw.

(1) Auto	schnell	(2) zu Fuß
nähen	(1) Garn	(2) Kordel
(1) schreiben	Brief	(2) malen
(1) komm schnell	Zeit haben	(2) noch 1 Stunde
das ist sehr leicht	(1) schlau	(2) er ist schon fertig
(1) warten	wo bleibst du?	(2) er ist schon gegangen
(1) im Tal	gute Übersicht	(2) ein hoher Hügel
er schreibt schnell	(1) viel Übung	(2) wie im ersten Schuljahr
(1) stopfen	Strumpf	(2) basteln
viel gewonnen	(1) er hat Glück	(2) Pechvogel
Ausland	(1) nebenan	(2) es ist sehr weit
(1) Fernsehgerät	(2) Buch	viel gelesen
Angst haben	(1) Held	(2) Mut machen
Werbung	(1) Zeitung	(2) Lexikon
(1) konzentriert	vergessen	(2) schlechtes Gedächtnis
verlaufen	(1) keine Landkarte	(2) Wanderung gut geplant
(1) Mittag	kochen	(2) Nacht
Vertrauen	(1) Freund	(2) Fremder
Sessel	(1) hochgenommen	(2) schwer zu tragen
(1) Ferien	verreisen	(2) Schule

gerne arbeiten	(1) schlafen	(2) Überstunden
wie kommt das?	(1) ich weiß alles	(2) das verstehe ich nicht
(1) Sonne scheint	gutes Wetter	(2) Regen
vielleicht	(1) sicher	(2) unsicher
(1) hässlich	das gefällt mir	(2) ein schönes Stück
viel essen	(1) bekömmlich	(2) unangenehmes Gefühl
(1) Buchstaben	ein guter Rechner	(2) Zahlen
(1) noch Hoffnung	zu spät	(2) alles vorbei
(1) stark	Sportler	(2) schwach
Stuhl	(1) Holz	(2) Papier
er wird versetzt	(1) gute Noten	(2) ein schlechter Schüler
ein spannender Film	(1) Museum	(2) Kino
(1) erfolgreich	sein Ziel erreicht	(2) versagt
(1) ich bin dafür	Zustimmung	(2) abgelehnt
(1) Motor	schönes Segelboot	(2) Wind
Kanonen	(1) Friede	(2) Krieg
(1) Pullover	(2) Badehose	Sommer
reich	(1) König	(2) Bettler
(1) nicht gelungen	Fehler	(2) alles bestens
sehr genau	(1) unsauber	(2) sauber

Sie haben die Übung geschafft, wenn Sie das rechts stehende Ziel erreicht haben.

Versuch	1	2	3	4	5	Ziel
Sekunden						100 Sekunden

B. Schneller geistig reagieren und entscheiden

Übung 40

Zählen Sie die Zahlen mit 1 beginnend **vorwärts und rückwärts**
durch und tippen Sie auf die jeweilige Zahl. Die letzte Zahl ist
35. Bitte nichts ankreuzen.

29	8	17	31 / 21 4	3
10 2	27 / 15	33	30	13
16	7 / 35	25	11	20 / 28
22	1 / 24	14	18 / 26	12 6
5 9	23	32	19	34

Sie haben die Übung geschafft, wenn Sie das rechts stehende
Ziel erreicht haben.

Versuch	1	2	3	4	5	Ziel
Sekunden						230 Sekunden

Übung 41

Bitte zählen Sie nur mit den Augen die Zahlen **von 1 bis 25 und zurück.**

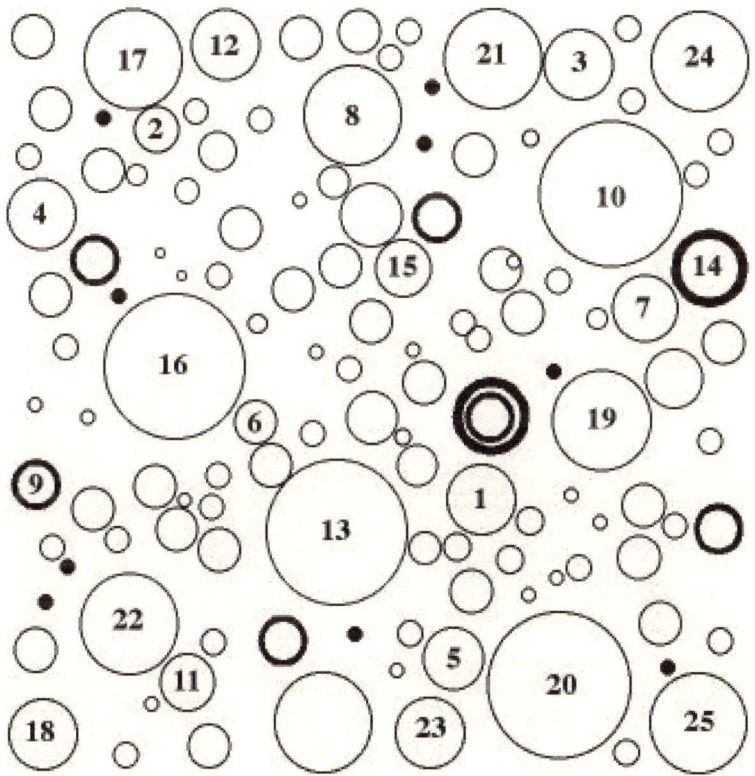

Sie haben die Übung geschafft, wenn Sie das rechts stehende Ziel erreicht haben.

Versuch	1	2	3	4	5	Ziel
Sekunden						105 Sekunden

Übung 42

Lesen Sie den folgenden Text mit hoher Konzentration. Die untere Hälfte der Buchstaben fehlt und muss von Ihnen – natürlich nur im Kopf – ergänzt werden, damit Sie den Sinn erkennen können.

Herr Sachse, 42 Jahre alt, ist ein viel-
beschäftigter Abteilungsleiter. Zusammen
mit drei Sachbearbeitern und einer
Sekretärin hat er ein großes Aufgaben-
gebiet zu betreuen.

Er fühlt sich durch die Arbeitsmenge und
den Termindruck ständig überlastet und
trotz häufiger Überstunden hat er abends
das Gefühl, seine Arbeit nicht geschafft zu
haben bzw. er fragt sich, was er tagsüber
denn tatsächlich geleistet hat.

Sehen wir uns den typischen Tagesablauf
von Herrn Sachse einmal an: Herr Sachse
beginnt pünktlich um 8.15 Uhr mit der
Arbeit. Er räumt zunächst 5 Minuten
seinen Schreibtisch auf und bereitet dann
in 3 Minuten seine Unterlagen für die
bevorstehende Arbeit vor.

Beim anschließenden Studium der Post-
mappe vom Vortag stößt er nach 10 Minuten
auf einen interessanten Bericht, den ihm ein
Kollege geschickt hat. Er überfliegt den
Artikel in ca. 3 Minuten und ruft den
Kollegen an, um sich zu bedanken.

In diesem Gespräch werden auch einige
Organisationsprobleme besprochen.

Sie haben die Übung geschafft, wenn Sie das rechts stehende Ziel erreicht haben.

Versuch	1	2	3	4	5	Ziel
Sekunden						90 Sekunden

Übung 43

Konzentrieren Sie sich auf die Figur und lassen Sie sie wieder in der Perspektive „kippen". Einmal hin- und hergekippt zählt als ein Durchgang. Die Übung gilt als durchgeführt, wenn Sie 20 Durchgänge geschafft haben.

Sie haben die Übung geschafft, wenn Sie das rechts stehende Ziel erreicht haben.

Versuch	1	2	3	4	5	Ziel
Sekunden						40 Sekunden

Übung 44

Bitte zeichnen Sie jede dieser Linien mit dem Bleistift spiegelbildlich nach. Gemeint ist eine horizontale Spiegelachse, das heißt, wenn diese Linie nach oben geht, dann geht Ihre Bleistiftlinie nach unten. Geht die gedruckte Linie nach unten, dann geht Ihre Bleistiftlinie nach oben und so fort. Bitte benutzen Sie für Ihre Bleistiftlinie ein leeres Blatt, das Sie unter die gedruckte Linie legen. Die vorgegebene Übungszeit gilt für beide Linien zusammen.

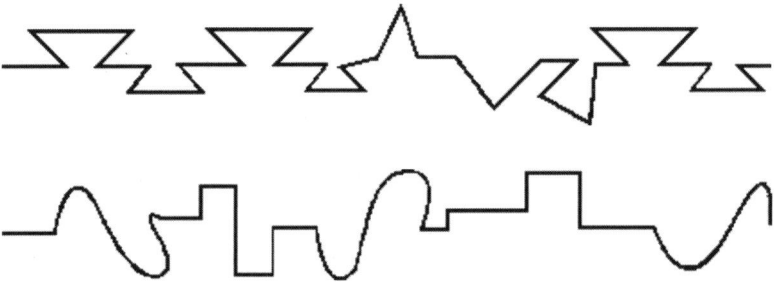

Sie haben die Übung geschafft, wenn Sie das rechts stehende Ziel erreicht haben.

Versuch	1	2	3	4	5	Ziel
Sekunden						50 Sekunden

C. Bessere Merkfähigkeit und leichteres Lernen

Übung 45

Bitte lesen Sie jeweils eine Zahl und wiederholen Sie sie aus dem Gedächtnis laut in Ziffern. Sie lesen also 4928146 und sagen dann laut: 4 9 2 8 1 4 6.

1 6 8 5 2 4 3
6 9 0 6 8 5 2
9 7 3 5 4 6 8
5 3 6 0 8 7 1
7 8 3 1 6 2 4
9 5 1 6 4 0 1
2 7 4 1 6 8 3
8 2 6 3 1 4 7
3 5 9 6 2 8 0
7 4 1 3 9 6 8

Sie haben die Übung geschafft, wenn Sie das rechts stehende Ziel erreicht haben.

Versuch	1	2	3	4	5	Ziel
Sekunden						35 Sekunden

Übung 46

Schauen Sie sich die folgenden Wörter nacheinander an, und zwar jedes Wort maximal 2 Sekunden lang, dann schauen Sie weg und sprechen das Wort laut rückwärts aus. Auf diese Art arbeiten Sie sich vom ersten bis zum letzten Wort durch die Liste.

Pfiff	Mitte
China	Firma
Grund	Beruf
Menge	klein
Liste	Elite
Punkt	Wanne
Rolle	Trage
dabei	Frage
Birne	Fisch
Titel	Messe
Media	Werte
Mathe	Apfel
Forum	Kunde
Lehre	Karte
Blume	Sonne

Sie haben die Übung geschafft, wenn Sie das rechts stehende Ziel erreicht haben.

Versuch	1	2	3	4	5	Ziel
Sekunden						90 Sekunden

Übung 47

Bitte zählen Sie laut in Vierergruppen von 1 bis 100. Jede nachfolgende Vierergruppe ist jeweils um eine Zahl in Richtung 100 verschoben. Die Übung ist zu Ende, wenn Sie als letzte Vierergruppe 97, 98, 99, 100 gezählt haben.

Beispiel:

    1, 2, 3, 4

      2, 3, 4, 5

        3, 4, 5, 6

          4, 5, 6, 7

            5, 6, 7, 8

              usw.

Sie haben die Übung geschafft, wenn Sie das rechts stehende Ziel erreicht haben.

Versuch	1	2	3	4	5	Ziel
Sekunden						250 Sekunden

Übung 48

Bitte suchen Sie in diesem Kasten die Buchstaben in der Reihenfolge A bis Z und sprechen Sie dabei laut oder in Gedanken zu jedem Buchstaben ein Wort aus, das mit dem gerade gefundenen Buchstaben beginnt.

Sie suchen zuerst das A und sprechen zum Beispiel das Wort Antenne aus (oder Angel, Arbeit, aber, Affe …) Welches Wort Sie nehmen ist egal, es muss nur mit A anfangen. Dann suchen Sie den Buchstaben B und sprechen zum Beispiel das Wort Buch oder Besen aus usw.

Bei Y sprechen Sie als Wort einfach Ypsilon. Ansonsten versuchen Sie, das Buchstabier-Alphabet zu vermeiden, also nicht Anton, Berta, Cäsar, Dora, Emil etc.

A	L	K	I	X
F	M	W	H	N
Y	C	O	P	E
Q	S	U	D	R
T	V	B	J	G
Z				

Sie haben die Übung geschafft, wenn Sie das rechts stehende
Ziel erreicht haben.

Versuch	1	2	3	4	5	Ziel
Sekunden						100 Sekunden

Übung 49

Sie haben sechs Pakete, die in bekannte deutsche Städte geschickt werden sollen, jedoch sind auf den Paketen die Buchstaben durcheinander geraten. Wer soll da noch wissen, wohin sie verschickt werden sollen?

Sie haben nun die Aufgabe, die Buchstaben auf den Paketen im Kopf so zu ordnen, dass die Städte wieder zu lesen sind.

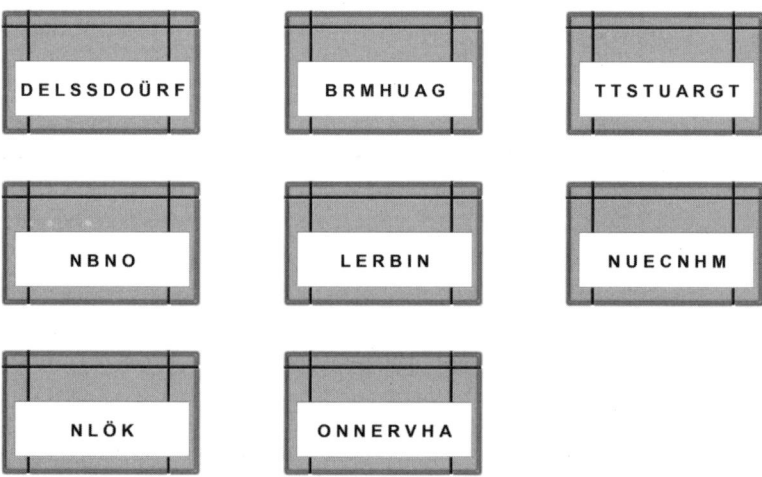

Sie haben die Übung geschafft, wenn Sie das rechts stehende Ziel erreicht haben.

Versuch	1	2	3	4	5	Ziel
Sekunden						15 Sekunden

Sonderübung

Sonderübung 50

Addieren Sie die Zahlen in den mit der durchbrochenen Linie (— — —) direkt verbundenen Kreisen. Dann addieren Sie Zahlen in den mit der gepunkteten Linie (• • • •) direkt verbundenen Rauten. Jede Zahl ist nur einmal zu addieren.

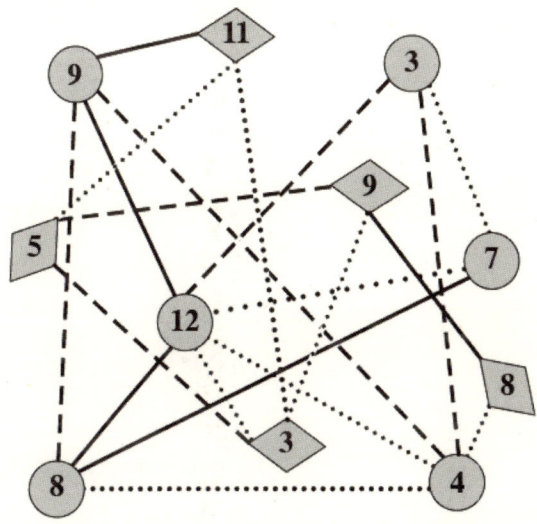

Sie haben die Übung geschafft, wenn Sie das rechts stehende Ziel erreicht haben.

Versuch	1	2	3	4	5	Ziel
Sekunden						25 Sekunden
Summe in Kreisen						36
Summe in Rauten						28

Stufe 4: Vorbild

A. Bessere Konzentration beim Lesen

Übung 51

Bitte verfolgen Sie nur mit den Augen die Linien von den Zahlen zu den Buchstaben, wobei Sie bei den Zahlen 2 und 4 je zwei Linien hintereinander verfolgen müssen. Die Ergebnisse stehen rechts zur Kontrolle.

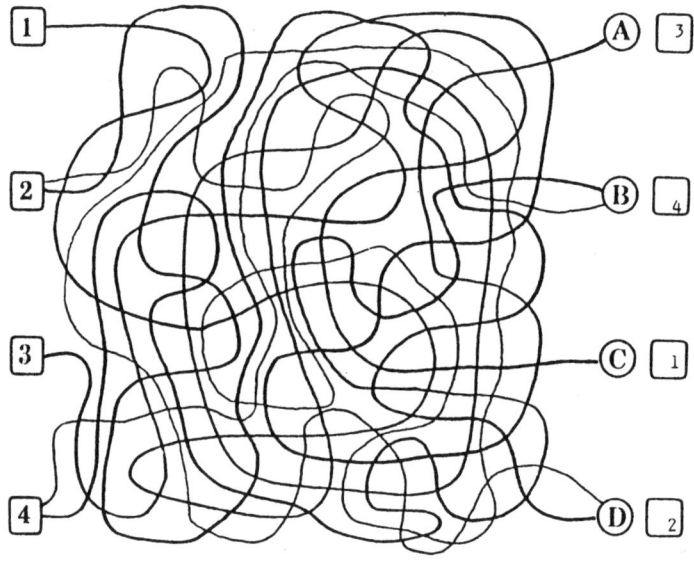

Sie haben die Übung geschafft, wenn Sie das rechts stehende Ziel erreicht haben.

Versuch	1	2	3	4	5	Ziel
Sekunden						60 Sekunden

Übung 52

Bitte verfolgen Sie nur mit den Augen, ohne Finger oder Stift, den Weg **von A nach B und zurück.**

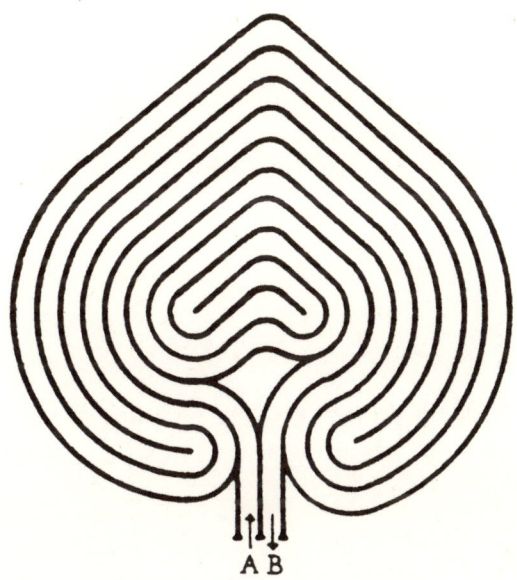

A B

Sie haben die Übung geschafft, wenn Sie das rechts stehende Ziel erreicht haben.

Versuch	1	2	3	4	5	Ziel
Sekunden						33 Sekunden

Übung 53

In jedem Zahlenpaket stehen jeweils zwei fünfstellige Zahlen
untereinander, zum Beispiel:

9.10.70   8.12.33

9.10.70   8.11.33

Zählen Sie die Fehler. Als Fehler gilt, wenn die obere Zahl mit
der unteren Zahl nicht übereinstimmt.

9.10.70	8.12.33	4.97.34	1.01.11	5.12.67	3.08.68
9.10.70	8.11.33	4.97.34	1.00.11	5.12.67	3.08.68
1.04.41	4.09.65	7.10.47	8.11.98	2.04.46	1.09.99
1.07.41	4.09.65	7.10.47	3.11.98	2.04.66	1.09.99
3.09.76	5.12.48	6.01.38	4.07.18	1.10.10	9.12.13
3.09.76	5.12.48	6.01.38	4.07.18	1.10.10	9.12.13
7.12.66	2.07.17	8.13.42	9.14.19	6.25.13	5.38.47
7.12.69	2.04.17	8.13.47	9.14.19	6.25.13	5.38.47
4.05.39	1.72.48	9.14.29	4.17.39	2.66.55	5.07.18
4.05.39	1.72.48	5.14.29	4.17.39	2.66.55	5.04.18
8.11.77	2.12.87	8.10.66	7.08.40	3.02.21	6.04.69
8.11.47	2.12.37	8.10.66	7.03.40	3.02.21	6.04.69

12.8.52	13.9.40	28.4.51	13.8.48	16.4.52	18.1.42
12.8.52	13.6.40	28.4.51	13.8.48	19.4.52	18.1.42
13.7.44	30.3.16	12.6.68	27.9.70	14.7.65	24.4.44
13.4.44	30.3.16	12.6.98	27.9.70	17.7.65	24.4.44
24.8.13	02.2.34	14.1.18	18.4.45	07.6.89	20.1.34
24.8.13	02.3.34	14.1.28	18.4.45	07.6.89	20.1.84
18.6.57	11.7.71	09.9.74	12.3.12	27.4.68	13.8.50
18.6.57	11.7.71	09.3.74	12.3.12	27.4.68	23.8.50
30.1.60	19.4.59	27.1.20	08.2.29	07.8.21	25.5.57
30.1.90	19.4.53	27.1.20	08.2.29	04.8.21	25.5.57
28.4.61	08.7.56	14.6.61	31.3.33	22.5.88	30.7.10
28.4.61	08.7.56	14.6.61	81.3.33	22.5.88	30.4.10

Sie haben die Übung geschafft, wenn Sie das rechts stehende Ziel erreicht haben.

Versuch	1	2	3	4	5	Ziel
Sekunden						90 Sekunden
Fehlerzahl						28

Übung 54

Zählen Sie bitte zuerst die Anzahl der Buchstaben „n" und dann die Anzahl der Buchstaben „u". Notieren Sie hierfür die Gesamtzeit.

n b h i z g ö a o	n v a s q b h b z	u h t t a o m ä g
u u n r b c a b p	k r f x a p b u n	a m i t d c l b i
o ä g d a a v c b	l k n ü m t u v a	b g r c u i k b u
h t a x o z g v a	m b p o r e s a k	i z b k o t d a p
ä j b d a u i b z	u z e q s y r a z	j b l p t e s b u i
h i t f ö u j m r	k v e a ü k t u i	n b c y j i a e a
k n g v c x b z u	i o u z a s d v b	ö h n u t r a b j
h b r c z b u n m	h b d m c a c o m	h f v b i n d a o
ö a s x c v b n m	i h v d b o h a e	b t f c d x a o p ü
i v c a y s a j n	m b f v b o ü ä u	n b e c u i e q a
j k j b f d c z t a	h b g v f c d x a	k m l o p u h b v
k m p z t r r d i	k k n b v c ö o i	z g v c a a s x r
ü l m n b z t t q	u u i b v a s x a	g b g b v r d x s
j i o k m n b h z	k ü u h b v m t e	h a b v f r a w i
j b v c x y e w a	k l n b v m p ö i	a s d f g h j k l l
j j n b t f c a a s	k l o p l k m n b	ö h n t c p o a a
i j n z h b t v g i	o k m n b b v t a	l ö ö n z b g v a
j i m n b g f v a	o k m u j n b b z	o o j f d a v ö b
u i h b v c x p o	u a i a t v u b u	v c x m k l ö a u
ä i n m z t r c v	b j i u z r a s x	i u i h b n p b f

Sie haben die Übung geschafft, wenn Sie das rechts stehende
Ziel erreicht haben.

Versuch	1	2	3	4	5	Ziel
Sekunden						100 Sekunden
Anzahl „n"						27
Anzahl „u"						30

Übung 55

Pro Zeile finden Sie ein unterstrichenes Wort. Das ist das Bezugswort. Stellen Sie bitte so schnell wie möglich fest, ob das Wort a) oder b) sinngemäß dazugehört. Das Bezugswort steht in jeder Zeile an einer anderen Stelle. Lösung für die erste Zeile: Zu <u>Puppe</u> passt Spielzeug a).

1.	Spielzeug a)	Gerät b)	<u>Puppe</u>
2.	<u>Pullover</u>	es ist kalt a)	draußen ist es warm b)
3.	er war böse a)	er war brav b)	<u>Belohnung</u>
4.	mutig a)	<u>Held</u>	ängstlich b)
5.	<u>Familie</u>	Eltern a)	Lehrer b)
6.	<u>Tag</u>	Sonne a)	Mond b)
7.	Medizin a)	<u>Krankheit</u>	Süßigkeit b)
8.	Arbeiter a)	Schüler b)	<u>Lehrer</u>
9.	bescheiden a)	anspruchsvoll b)	<u>er will nicht mehr haben</u>
10.	<u>keine Verspätung</u>	warten a)	pünktlich b)
11.	gelandet a)	<u>Flug geglückt</u>	abgestürzt b)
12.	leer a)	voll b)	<u>Tausende von Menschen</u>
13.	<u>Masche</u>	stricken a)	weben b)
14.	höflich a)	<u>Gruß</u>	unhöflich b)
15.	<u>auf der anderen Seite</u>	hier a)	dort b)

16. Sieg a) Niederlage b) <u>große Freude</u>

17. <u>er braucht Medizin</u> krank a) gesund b)

18. eilt a) <u>antworten Sie bald</u> hat Zeit b)

Sie haben die Übung geschafft, wenn Sie das rechts stehende Ziel erreicht haben.

Versuch	1	2	3	4	5	Ziel
Sekunden						45 Sekunden

B. Schneller geistig reagieren und entscheiden

Übung 56

Bitte zählen Sie nur mit den Augen die Zahlen von **1 bis 25 und zurück.**

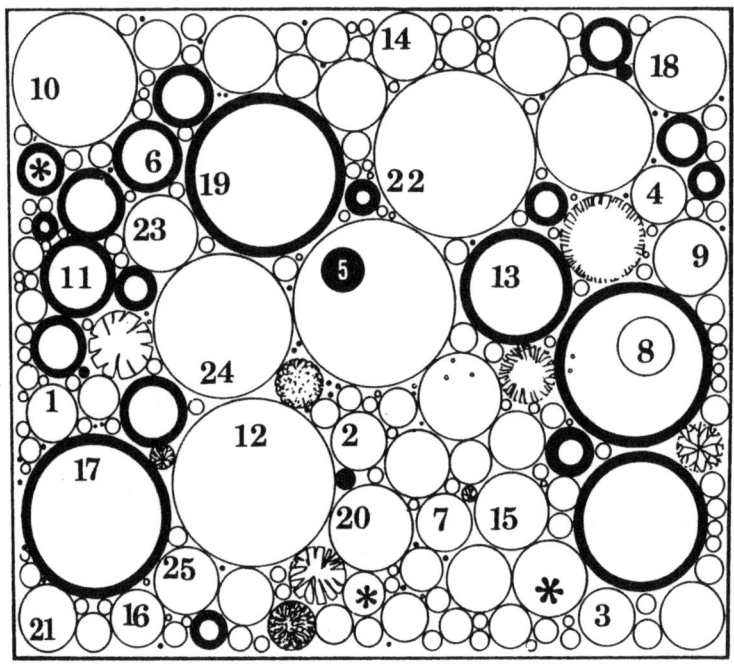

Sie haben die Übung geschafft, wenn Sie das rechts stehende Ziel erreicht haben.

Versuch	1	2	3	4	5	Ziel
Sekunden						110 Sekunden

Übung 57

Bitte zählen Sie nur mit den Augen die Zahlen von **1 bis 50 und zurück.**

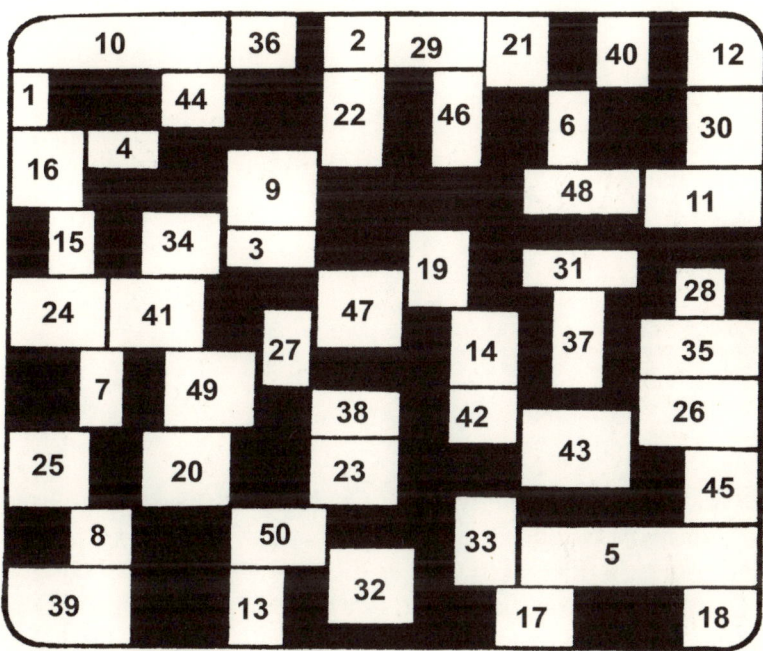

Sie haben die Übung geschafft, wenn Sie das rechts stehende Ziel erreicht haben.

Versuch	1	2	3	4	5	Ziel
Sekunden						330 Sekunden

Übung 58

Lesen Sie die folgenden Texte bitte aufmerksam. Dabei beachten Sie Folgendes: Jedes kleine „d" zählt 1, jedes kleine „p" zählt 2. Während des Lesens zählen Sie diese Buchstabenwerte zusammen und finden so die Endsumme. Beispiel: Das Pferd galoppiert = 1 x d (1), 2 x p (2 x 2 = 4), ergibt zusammen 5.

Nicht vergessen: Es gelten nur die kleinen Buchstaben.

d	p
1	2

Galileo Galilei

Im 16. Jahrhundert verteidigte Galileo die Idee des Kopernikus, dass die Sonne der Mittelpunkt der Himmelskörper sei und nicht die Erde. Obwohl er diese Theorie den Mächtigen der damaligen Zeit durch sein neu gebautes Teleskop auf dem Turm von San Marco beweisen konnte, obwohl die Mächtigen durch das Teleskop sehen konnten, dass sich die Erde um die Sonne dreht und nicht umgekehrt, war die Obrigkeit empört. Diese Vorstellung von Sonne und Erde war so revolutionär, dass sie gegen das bestehende Paradigma verstieß. Galileo wurde Folter angedroht, falls er an seiner Idee festhalten sollte.

Immer wenn ich diese Geschichte erzähle, um die Wirkungsweise von Paradigmenparalysen in der Praxis darzustellen, wird mir vorgeworfen, dass das ja alles in früheren Jahrhunderten geschehen sei. In Jahrhunderten, wo die Menschen noch nicht neuen Dingen gegenüber aufgeschlossen waren. Heutzutage, so wird mir eindringlich versichert, sei das doch alles anders. Die Menschen seien aufgeklärter. Durch unser Informationszeitalter gäbe es solche Paradigmenparalysen nicht mehr, zumindest nicht in dieser krassen Form.

Nun denn, schauen Sie sich meine Beispiele aus der neueren Zeit an.

Der Apple-Gründer

1976 arbeitete Steve Jobs bei Hewlett Packard. Er trat an die Geschäftsleitung mit der Idee heran, einen völlig neuen Computer für jedermann zu bauen, einen Computer, den jeder bei sich daheim und im Büro auf dem Tisch stehen haben sollte – und stieß auf Ablehnung mit Argumenten wie: „IBM und andere Firmen, die auf EDV spezialisiert sind, hätten das schon längst gemacht, wenn solche ‚Personal Computer' eine Zukunft hätten."

Was dann kam, ist allen bekannt. Steve Jobs und Stephen Wozniak taten sich zusammen und gründeten die Firma „Apple Computers".

Die Hewlett-Packard-Bosse wollten die Fakten für ein gutes Geschäft einfach nicht sehen. Ihr Paradigma war so unverrückbar, dass sie noch längere Zeit später die Fakten uminterpretierten: „Das sind alles nur kurzfristige Erfolge, Personalcomputer werden sich nie durchsetzen" usw. Erst in letzter Zeit gesteht Hewlett Packard ein, dass ihnen damit ein Jahrhundertgeschäft entgangen ist.

Xerox Corporation

Mitte der dreißiger Jahre setzte es sich der 29-jährige Chester Floyd Carlson, Physiker und Patentanwalt, in den Kopf, das damals noch sehr mühsame Kopierverfahren zu vereinfachen. Die einzigen damals bekannten Möglichkeiten waren das Fotografieren und das Fotokopieren (ein fotografisches Verfahren). Beides war sehr kostspielig und zeitaufwändig. Gemeinsam mit einem befreundeten Ingenieur, Otto Kornei, gelang es ihm schließlich am 22. Oktober 1938, die erste

Fotokopie der Art zu entwickeln, wie sie heute gang und gäbe ist. Auf ihr stand „10./22./38 Astoria".

Es war ein sehr einfaches Verfahren, nach dem die heutigen Kopiergeräte immer noch arbeiten. Mit seiner Entdeckung besuchte Chester Floyd Carlson den Entwicklungsleiter einer Firma für fotografische Herstellungsverfahren. Dieser sah die Erfindung und lehnte ab. Vielleicht fand er sie nur amüsant, vielleicht fand er sie unsinnig, vielleicht hat er sich auch nur darüber geärgert, dass seine „wertvolle Zeit" verschwendet wurde.

Sie haben die Übung geschafft, wenn Sie das rechts stehende Ziel erreicht haben.

Versuch	1	2	3	4	5	Ziel
Sekunden						400 Sekunden
Summe der Werte von p + d						185

Übung 59

Diese Übung schult Ihre Konzentrationsfähigkeit in Verbindung mit Ihrem Vorstellungsvermögen. Sie werden in die Lage versetzt, besser und schneller von einem Thema auf ein anderes umzuschalten.

Konzentrieren Sie sich auf die Figur und lassen Sie sie in der Perspektive „kippen". Einmal hin- und hergekippt zählt als ein Durchgang. Die Übung gilt als durchgeführt, wenn Sie 20 Durchgänge geschafft haben.

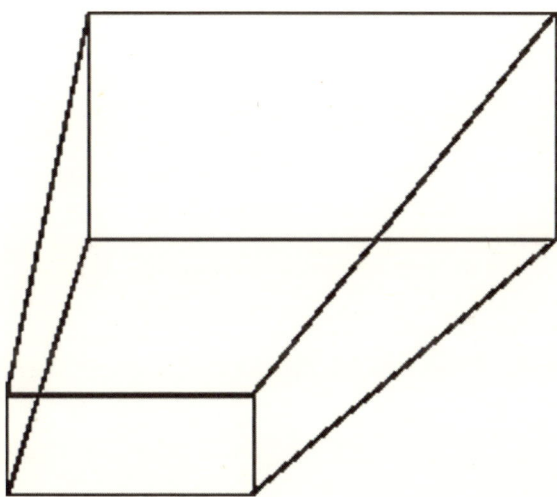

Sie haben die Übung geschafft, wenn Sie das rechts stehende Ziel erreicht haben.

Versuch	1	2	3	4	5	Ziel
Sekunden						25 Sekunden

Übung 60

Bitte zeichnen Sie jede dieser Linien mit dem Bleistift spiegel-
bildlich nach. Gemeint ist eine horizontale Spiegelachse, das
heißt, wenn diese Linie nach oben geht, dann geht Ihre
Bleistiftlinie nach unten. Geht die gedruckte Linie nach unten,
dann geht Ihre Bleistiftlinie nach oben und so fort. Bitte
benutzen Sie für Ihre Bleistiftlinie ein leeres Blatt, das Sie unter
die gedruckte Linie legen. Die vorgegebene Übungszeit gilt für
beide Linien zusammen.

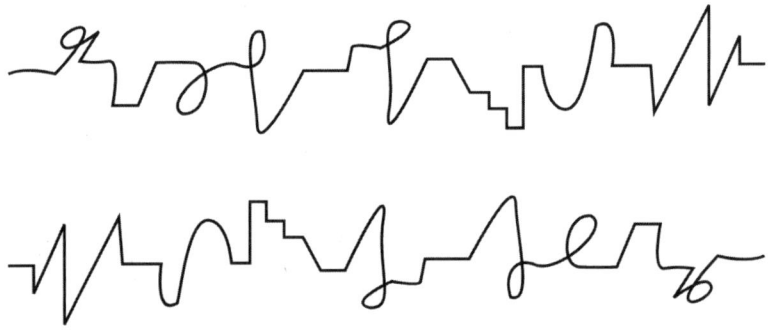

Sie haben die Übung geschafft, wenn Sie das rechts stehende
Ziel erreicht haben.

Versuch	1	2	3	4	5	Ziel
Sekunden						100 Sekunden

C. Bessere Merkfähigkeit und leichteres Lernen

Übung 61

Bitte schauen Sie sich jede einzelne dieser sechsstelligen Zahlen-Buchstaben-Kombinationen einige Sekunden lang an. Schauen Sie dann weg und wiederholen die jeweilige Kombination laut aus dem Gedächtnis. So gehen Sie nacheinander alle Kombinationen durch.

5i68u4	5rF9iK
OXa62b	m35hs1
3rhj4m	o9zeR3
L81c9q	p7mS5
72dZ9a	6os84J
gM5c8p	mfg8v3
LoL34x	Öq7h5y
k2sM5p	g26Ü4C
T3fK71	6U17Hd
3bF67R	z24D1V

Sie haben die Übung geschafft, wenn Sie das rechts stehende Ziel erreicht haben.

Versuch	1	2	3	4	5	Ziel
Sekunden						65 Sekunden

Übung 62

Hier sind zwei Texte durcheinander geraten. Dennoch sollen
Sie beide Texte für sich lesen, dafür müssen Sie jeweils ein Wort
überspringen. Für den ersten Text lesen Sie nur das 1. Wort,
dann das 3., das 5. usw. Den zweiten Text lesen Sie, indem Sie
das 2. Wort, dann das 4., das 6. usw. lesen. Bitte lesen Sie beide
Texte nacheinander laut, ohne den Finger als Hilfe zu benutzen.

Ein Ich Mann bin geht gestern spazieren. ins Als Kino er
gegangen. an Dort einem habe Teich ich vorbeikommt,
einen sieht neuen er Film plötzlich gesehen. einen Es
schönen war Schwan. ein Er Film, nimmt der ein in Stück
Kalifornien Brot gedreht und und füttert gestern den zum
Schwan. ersten Das Mal Brot aufgeführt schmeckt wurde.
dem Die Schwan Kritiken so waren gut, hervorragend, dass
so er dass am der Ufer Film bleibt noch und zwei nach
Monate mehr laufen verlangt. wird. Aber Ich der könnte
Mann mir hat denken, keine dass Zeit der mehr Regisseur
und einen geht Oskar nach bekommt. Hause.

Sie haben die Übung geschafft, wenn Sie das rechts stehende
Ziel erreicht haben.

Versuch	1	2	3	4	5	Ziel
Sekunden						75 Sekunden

Übung 63

Bitte zählen Sie laut in Sechsergruppen von 1 bis 100. Jede nachfolgende Sechsergruppe ist jeweils um eine Zahl in Richtung 100 verschoben.

Die Übung ist zu Ende, wenn Sie als letzte Sechsergruppe 95, 96, 97, 98, 99, 100 gezählt haben.

Beispiel:

     1, 2, 3, 4, 5, 6

      2, 3, 4, 5, 6, 7

       3, 4, 5, 6, 7, 8

        4, 5, 6, 7, 8, 9

         5, 6, 7, 8, 9, 10

      usw.

Sie haben die Übung geschafft, wenn Sie das rechts stehende Ziel erreicht haben.

Versuch	1	2	3	4	5	Ziel
Sekunden						240 Sekunden

Übung 64

In dem Kasten befinden sich 26 Wörter. Jedes Wort beginnt mit einem anderen Buchstaben aus dem Alphabet. Bitte finden Sie zuerst das Wort, welches mit „A" beginnt. Danach das Wort, das mit „B" beginnt, anschließend das Wort mit „C" usw. Die Übung ist zu Ende, wenn Sie das Wort gefunden haben, das mit „Z" beginnt.

Achtung: Bitte sprechen Sie jedes Wort laut aus!

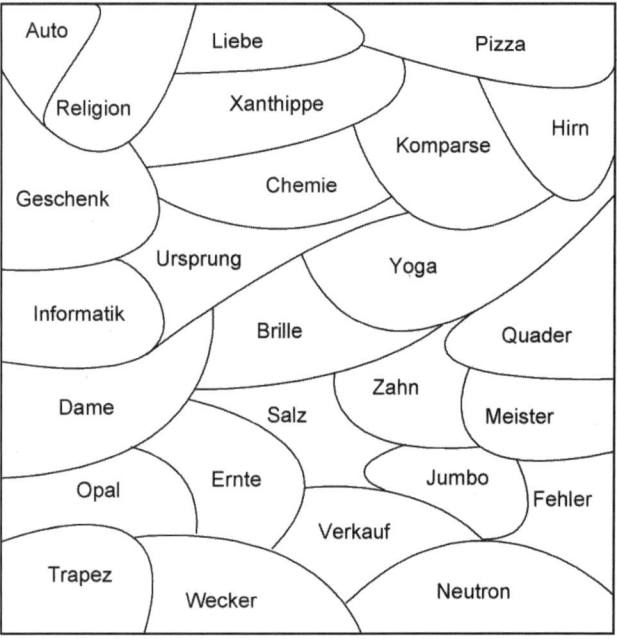

Sie haben die Übung geschafft, wenn Sie das rechts stehende Ziel erreicht haben.

Versuch	1	2	3	4	5	Ziel
Sekunden						160 Sekunden

Übung 65

In dem Kasten finden Sie 30 Wörter, davon sind 5 Wörter doppelt vorhanden. Welche sind es? Bitte nichts ankreuzen oder notieren. Sie sollen die Wörter lediglich finden.

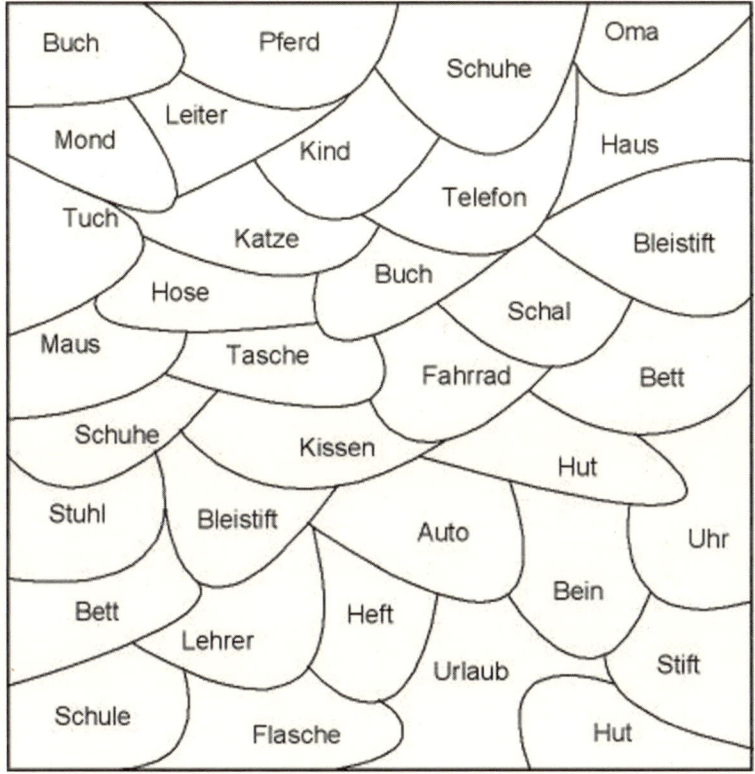

Sie haben die Übung geschafft, wenn Sie das rechts stehende Ziel erreicht haben.

Versuch	1	2	3	4	5	Ziel
Sekunden						35 Sekunden

Sonderübungen

Sonderübung 66

Bitte stellen Sie sich zu jeder Wortkombination ein Bild vor. Bei den Wörtern „Ring – Kanne" können Sie sich zum Beispiel vorstellen, wie Sie einen Ring in eine Kanne fallen lassen. Bei „Geige – Sack" können Sie sich vorstellen, wie Sie eine schöne Geige in einen alten Sack stecken, usw.

Wenn Sie bei „Holz – Schere" angekommen sind, dann decken Sie bitte die rechte Hälfte der Wörter zu und fragen sich ab. Welches Wort stand bei „Ring", welches bei „Geige" usw.? Sie werden sich erinnern und so Ihr Gedächtnis fördern.

Ring	–	Kanne
Geige	–	Sack
Buch	–	Vogel
Auge	–	Wasser
Bleistift	–	Beutel
Reifen	–	Krug
Knochen	–	Heft
Fleisch	–	Flugzeug
Schaf	–	Gitarre
Holz	–	Schere

Sonderübung 67

Bitte gehen Sie hier genauso vor wie bei der vorherigen Übung.

Album	–	Apfel
Geld	–	Hügel
Seil	–	Kaffee
Gemüse	–	Dach
Ente	–	Wecker
Sonne	–	Himmel
Sicherung	–	Whisky
Kanone	–	Berg
Band	–	Pinsel
Katze	–	Kamm
Kanne	–	Schraube
Karre	–	Farbe
Birne	–	Tisch
Kuss	–	Handtuch
Zettel	–	Getränk
Hut	–	Karton
Kreide	–	Rakete
Milch	–	Stuhl
Auto	–	Bank
Foto	–	Salat

Stufe 5: Champion

A. Bessere Konzentration beim Lesen

Übung 68

Bitte verfolgen Sie die Linien von den Zahlen zu den Buchstaben **nur mit den Augen**. Im Zweifelsfall gibt es nur Kreuzungen, keine Tangenten. Die Ergebnisse stehen unten zur Kontrolle.

Sie haben die Übung geschafft, wenn Sie das rechts stehende Ziel erreicht haben.

Versuch	1	2	3	4	5	Ziel
Sekunden						35 Sekunden

Übung 69

Bitte verfolgen Sie **nur mit Ihren Augen** die Linien von A bis B und gleich wieder zurück nach A. Dann ist die Übung einmal geschafft. Passen Sie auf, dass Sie die Linie nicht aus den Augen verlieren.

Sie haben die Übung geschafft, wenn Sie das rechts stehende Ziel erreicht haben.

Versuch	1	2	3	4	5	Ziel
Sekunden						15 Sekunden

Übung 70

Bitte zählen Sie im ersten Durchgang, in wie vielen Buchstabenfolgen die Buchstaben „f" und „h" **gleichzeitig** vorkommen. Sie müssen dies nach **einmaligem** Lesen wissen. Notieren Sie dazu Ihre Zeit. Direkt im Anschluss zählen Sie die Buchstabenfolgen, in denen „b" und „j" gleichzeitig vorkommen.

gvfc	uztre	dsxaqw	plökjmn	uhztgbvf
iuzt	lmnbv	tredcf	jkiuzgf	dsachbuh
rfvt	zhgfd	tzuiop	ulkjhgf	aswderft
fghb	ujhnb	rredsw	tredxcv	uijhnbgj
ujnm	iuzhz	zgbrew	qayectg	rfvbgtzh
zeax	hikgv	rwdshg	khddhkn	cxdsertz
zgvt	rfcde	ewqaxg	nmiolhg	trfvbghn
jhte	tbnoe	rdxsvh	ikjngvf	öpujfday
hvpö	rqaäh	ubeqyp	ohvcdew	opölkjnh
wsxd	rdcdx	uilönj	zrwsxft	jbvmijpl
tgkl	öoute	fvbhzu	tfdsayx	iolöjngt
oute	dhköm	rdsqyz	kotesxb	lüutvbde
hopö	gaxuü	rsqxbn	kteaflä	ihbvcxer
eqyz	uedch	kfghbi	kputdcd	hzgfdcji
joöh	nüztf	hvbgtr	zedxswe	holönbvc
kztr	fvcxv	öhntre	rqahpöt	hdaybmot
wrup	etuoü	adgjlä	sfhköän	ycbmvtre
ghkh	esdws	erdcvx	rtfgvbh	zuhjnmio
fvcx	thnol	wsxecz	ugsaqyx	hioplgda

oefo	öfsay	bnhtre	zcsayxz	itrwqycv
reqy	tviom	ewqayu	lptewqa	dfghjklk
tgvz	dsfgh	jhgfdc	kjmliop	tfcrdxes

Sie haben die Übung geschafft, wenn Sie das rechts stehende Ziel erreicht haben.

Versuch	1	2	3	4	5	Ziel
Sekunden						110 Sekunden
gleichzeitig f + h						13
Sekunden						110 Sekunden
gleichzeitig b + j						3

Übung 71

Die Zeilen im ersten Block entsprechen den Spalten im zweiten Block, die Pfeile sind eine Orientierungshilfe. Bitte vergleichen Sie und zählen Sie die Anzahl der Zahlenpakete, die **nicht** übereinstimmen (Fehlerzahl). Zum Beispiel 798 | 798: kein Fehler; 815 | 816: Fehler usw. Notieren Sie die gefundene Fehlerzahl und Ihre Zeit. Sie dürfen die Finger als Orientierungshilfe benutzen.

→ 798	815	278	635	128	078	980	675	456
→ 268	269	555	786	945	313	456	178	981
→ 221	367	386	593	953	271	540	897	675
147	882	631	423	218	175	208	849	765
150	002	439	901	453	876	654	878	921
150	762	401	363	924	190	208	456	443
323	250	165	448	735	944	767	398	241
434	656	888	329	089	121	517	298	090
↓	↓	↓						
798	266	221	147	150	150	328	434	
816	269	367	888	002	762	250	656	
276	555	386	631	439	401	156	888	
635	786	597	423	901	368	446	328	
128	945	953	218	453	924	735	098	
079	313	271	175	876	180	944	121	
980	456	650	208	654	209	767	517	
675	178	897	849	878	456	398	289	
456	981	675	765	927	443	241	090	

Sie haben die Übung geschafft, wenn Sie das rechts stehende Ziel erreicht haben.

Versuch	1	2	3	4	5	Ziel
Sekunden						105 Sekunden
Fehlerzahl						17

Übung 72

Bitte lesen Sie den folgenden Text laut und so flüssig wie möglich, wobei Sie gleichzeitig auch die fehlenden Wörter aussprechen.

Die _____ der folgenden Übung ist es, die Lücken im _____ zu füllen. Das gelingt Ihnen nur, wenn Sie sich richtig_____. Konzentriertes Lesen ist die _____, wenn Sie diesen Text im _____ behalten möchten. Lesen ist eine wichtige Technik zum _____, denn die Informationen, die beim _____ verarbeitet werden, werden dabei über das Auge ins _____ übertragen.

Was bedeutet Lernen?

Ein Fohlen wird _____. Kaum hat es das _____ der Welt erblickt, stellt es sich auf seine wackligen _____ und beginnt zu _____. Das _____ muss das Fohlen nicht erlernen, diese Fähigkeit bringt es bei seiner _____ mit. Im Laufe seines _____ wird die Technik des Laufens natürlich noch _____. Mit der _____ lernt das Fohlen auch, Zäune und _____ zu erkennen.

Das Laufen selbst ist ein angeborener _____, den alle Tiere besitzen. Fische können _____, Frösche können _____, _____ können fliegen und Vierbeiner können _____.

Anders ist es bei uns _____. Einige Fähigkeiten bringt ein _____ _____ schon mit. Es kann schreien, strampeln und saugen. Andere _____ und Verhaltensweisen muss es _____. Nur durch körperliche und geistige _____ von außen kann sich ____ _____ weiterentwickeln.

Sie haben die Übung geschafft, wenn Sie das rechts stehende
Ziel erreicht haben.

Versuch	1	2	3	4	5	Ziel
Sekunden						45 Sekunden

B. Schneller geistig reagieren und entscheiden

Übung 73

Bitte zählen Sie die Zahlen **von 1 bis 30 vor- und rückwärts**. Die Buchstaben dienen nur zur Ablenkung.

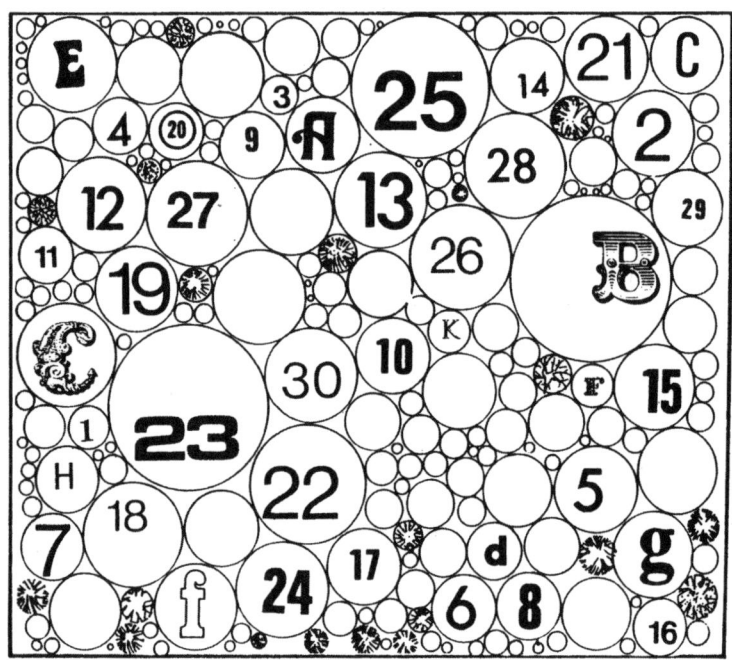

Sie haben die Übung geschafft, wenn Sie das rechts stehende Ziel erreicht haben.

Versuch	1	2	3	4	5	Ziel
Sekunden						220 Sekunden

Übung 74

Bitte zählen Sie die Zahlen **von 1 bis 40 vor- und rückwärts.**
Auch hier dienen die Buchstaben nur zur Ablenkung.

Sie haben die Übung geschafft, wenn Sie das rechts stehende
Ziel erreicht haben.

Versuch	1	2	3	4	5	Ziel
Sekunden						290 Sekunden

Übung 75

Bitte lesen Sie den folgenden Text aufmerksam. Dabei beachten Sie Folgendes: Jedes kleine „e" zählt 1, jedes kleine „m" zählt 2 und jedes kleine „o" zählt 3. Während des Lesens zählen Sie diese Buchstabenwerte zusammen und finden so die Endsumme.

Nicht vergessen: Es gelten nur die kleinen Buchstaben.

e	m	o
1	2	3

Spätestens am Beispiel der ehemaligen DDR ist wieder klar geworden: In der Industrie zögert niemand, wenn es um Geld oder Marktanteile geht. Geschwindigkeit und überlegtes Zugreifen bringen Wettbewerbsvorteile.

Wir leben in einer schnelllebigen Zeit, neue Formen des Verkaufs treten auf, Fusionen durch harten Konkurrenzdruck sind an der Tagesordnung, 80 Prozent des Umsatzes werden mit Ideen der letzten zwei Jahre gemacht und so weiter. Wer in der Wirtschaft zögert, dem kommen andere zuvor.

Wer Karriere machen will, der braucht, abgesehen von Fachkompetenz (die als selbstverständlich vorausgesetzt wird), Power, Geschwindigkeit, Ausstrahlung und selbstbewusstes Durchsetzungsvermögen.

Das Schlagwort „Fighting Spirit" im positiven Sinne geht um und ist der Türöffner in die oberen Etagen. „Wer zuerst kommt, mahlt zuerst." So waren die Menschen früher, so sind sie heute, und so werden sie in Zukunft sein. Die Anforderung an die Topmanager in den Chefetagen ist immer wieder die gleiche. „Machen Sie Geld ohne Imageverlust der Firma. Wir haben es mit einem Profitsystem zu tun. Alles andere ist Gerede."

Damit wir uns nicht missverstehen: Hier soll nicht das Wort geredet werden für den Managertyp, der ohne jede menschliche Regung über Leichen geht, nur um sein Ziel zu erreichen. Aber genauso falsch ist es, das nun mal vorherrschende Profitsystem aus der Wirtschaft auszuklammern. Die optimale Verwebung von Gefühl und Kalkül, das richtige Abwägen von Fach- und Sozialkompetenz, kurzum Menschlichkeit und Wirtschaftlichkeit gleichermaßen, das muss das unumstößliche Weltbild eines Topmanagers sein.

Wer aber in die oberen Etagen will, dem steht, abgesehen vom Konkurrenzdruck, noch eine Reihe von anderen Widerständen im Weg.

Nehmen Sie als Beispiel das so genannte Eisbergmodell. So wie bei einem Eisberg, der im Wasser treibt, bei dem nur ein Siebtel über der Oberfläche zu sehen ist und sechs Siebtel unerkannt unter Wasser sind, so sieht es auch mit dem Verhältnis Verstand (der eher bewusstere Teil, den der Mensch besitzt) und dem vernetzten psychischen System aus (der eher unbewusste Teil des Menschen). Der weitaus geringere Teil des menschlichen Geistes ist der bewusste Verstand. Der weitaus größere und damit auch wesentlich stärkere Teil des menschlichen Geistes ist das unbewusste vernetzte psychische System. Und da dieses psychische System um ein Vielfaches stärker ist als der Verstand, helfen Mentalübungen, dieses System für Ihre Karriere zu nutzen.

Sie haben die Übung geschafft, wenn Sie das rechts stehende
Ziel erreicht haben.

Versuch	1	2	3	4	5	Ziel
Sekunden						870 Sekunden
Summe der Werte von e, m + o						621

Übung 76

In diesem bekannten Bild sehen Sie je nach Perspektive eine ältere Dame (ca. 70–80 Jahre) oder eine jüngere Dame (ca. 20–30 Jahre). Bitte wechseln Sie Ihre Perspektive von der älteren Dame zu der jüngeren und wieder zurück. Ein Wechsel zählt dann als ein Durchgang. Wechseln Sie so insgesamt 50-mal, dann ist diese Übung geschafft.

Sie haben die Übung geschafft, wenn Sie das rechts stehende Ziel erreicht haben.

Versuch	1	2	3	4	5	Ziel
Sekunden						50 Sekunden

Übung 77

Bitte zeichnen Sie jede dieser Linien mit dem Bleistift spiegel-
bildlich nach. Gemeint ist eine horizontale Spiegelachse, wenn
diese Linie also nach oben geht, dann geht Ihre Bleistiftlinie
nach unten. Geht die gedruckte Linie nach unten, dann geht
Ihre Bleistiftlinie nach oben und so fort. Bitte benutzen Sie für
Ihre Bleistiftlinie ein leeres Blatt, das Sie unter die gedruckte
Linie legen. Die vorgegebene Übungszeit gilt für beide Linien
zusammen.

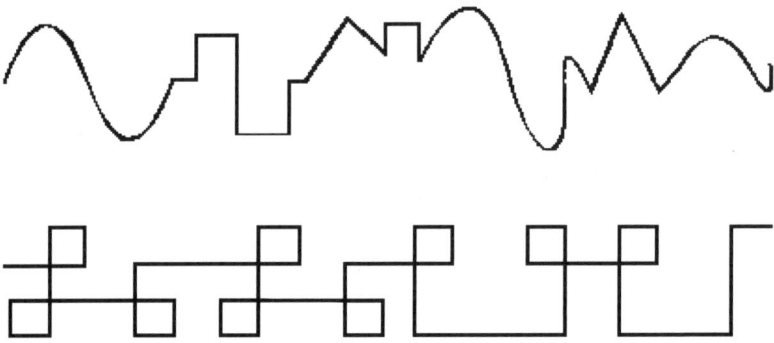

Sie haben die Übung geschafft, wenn Sie das rechts stehende
Ziel erreicht haben.

Versuch	1	2	3	4	5	Ziel
Sekunden						30 Sekunden

C. Bessere Merkfähigkeit und leichteres Lernen

Übung 78

Bitte schauen Sie sich jede einzelne dieser siebenstelligen Zahlen-Buchstaben-Kombinationen einige Sekunden lang an. Schauen Sie dann weg und wiederholen diese Kombination laut aus dem Gedächtnis. So gehen Sie nacheinander alle Kombinationen durch.

5i6k8u4	5rFe9iK
0X1a62b	m325hs1
3rh6j4m	o9zeqR3
L81sc9q	p7mSw5
7v2dZ9a	6osT84J
gM75c8p	m3fg8v3
Lo9L34x	Öaq7h5y
k2sTM5p	g26xÜ4C
T3f9K71	6U1J7Hd
3bF67hR	z24D81V

Sie haben die Übung geschafft, wenn Sie das rechts stehende Ziel erreicht haben.

Versuch	1	2	3	4	5	Ziel
Sekunden						50 Sekunden

Übung 79

Die Buchstaben der folgenden 15 Wörter sind im Alphabet um
eine Stelle verrutscht, also statt A steht ein B, statt B steht ein C
usw. und statt Z steht ein A.

Beispiel: B v u p heißt   A u t o
                   | | | |
                   B v u p

Was bedeuten also die folgenden Wörter? Bitte schreiben Sie
nichts auf, Sie sollen die Wörter nur im Kopf enträtseln.

Ubouf	Lpqg
Ibvt	Cbe
Pnb	Cvdi
Ljtuf	Tuvim
Cjme	Mpdi
Tff	Gsbv
Xjftf	Tqjfm

Sie haben die Übung geschafft, wenn Sie das rechts stehende
Ziel erreicht haben.

Versuch	1	2	3	4	5	Ziel
Sekunden						75 Sekunden

Übung 80

Bitte zählen Sie in Fünfergruppen laut von 100 bis 1. Jede nachfolgende Fünfergruppe ist jeweils um eine Zahl in Richtung 1 verschoben. Die Übung ist zu Ende, wenn Sie als letzte Fünfergruppen 5, 4, 3, 2, 1 gezählt haben.

Beispiel:

100, 99, 98, 97, 96

99, 98, 97, 96, 95

98, 97, 96, 95, 94

97, 96, 95, 94, 93

usw.

Sie haben die Übung geschafft, wenn Sie das rechts stehende Ziel erreicht haben.

Versuch	1	2	3	4	5	Ziel
Sekunden						400 Sekunden

Übung 81

Die folgenden Buchstabenketten sind Teile aus dem Alphabet. In jeder Kette stehen die Buchstaben in der richtigen Reihenfolge, allerdings gehört **jeweils ein Buchstabe** nicht in die Kette. Bitte finden Sie den jeweiligen Buchstaben.

D E F G H X J K
M B C D E F G H
L Ö M N F P Q R S
Q R S T A V W X
F G Z I J K L M
N O P T R S T U
C D A F G H I J
S T I V W X Y Z
I J K L M N O W
P Q R M T U V W

Sie haben die Übung geschafft, wenn Sie das rechts stehende Ziel erreicht haben.

Versuch	1	2	3	4	5	Ziel
Sekunden						20 Sekunden

Übung 82

Bitte lesen Sie jeweils ein Wort, dann schauen Sie weg und sprechen das jeweilige Wort laut rückwärts aus. Es gelingt Ihnen besser, wenn Sie sich dabei das Wort vor Ihrem geistigen Auge geschrieben vorstellen.

Garten	Eisbahn
Antenne	Fassbier
Hornisse	Bauzaun
Piepton	Literat
Manager	Stunde
Vorsatz	Halfter
Angora	Kandare
Pension	Service
Lamelle	Reporter
Trompete	Eingang
Haushalt	Ausflug
Bewerber	Chemiker
Kopierer	Heizgas
Kinder	Panzer
Quäker	Turnfest
Anfang	Zapfen
Vorgang	Herpes
Katzen	Polareis
Sinkflug	Gesang
Flieger	Europa

Sie haben die Übung geschafft, wenn Sie das rechts stehende Ziel erreicht haben.

Versuch	1	2	3	4	5	Ziel
Sekunden						150 Sekunden

Sonderübung

Sonderübung 83

Die Balken im oberen Teil der Grafik sind durch Lücken
unterbrochen. Die passenden Teilstücke für diese Lücken finden
Sie im unteren Teil. Bitte entscheiden Sie, welches Teilstück in
welche Lücke passt. Die Länge der Teilstücke ist unwichtig, es
zählen nur die seitlichen Anschluss-Formen. Einzelne Teilstücke
können mehrmals zum Ausfüllen der Lücken benutzt werden.
Notieren Sie eventuelle Zwischenergebnisse auf einem separaten
Blatt, damit Sie die Übung bei Bedarf öfter durchführen können.

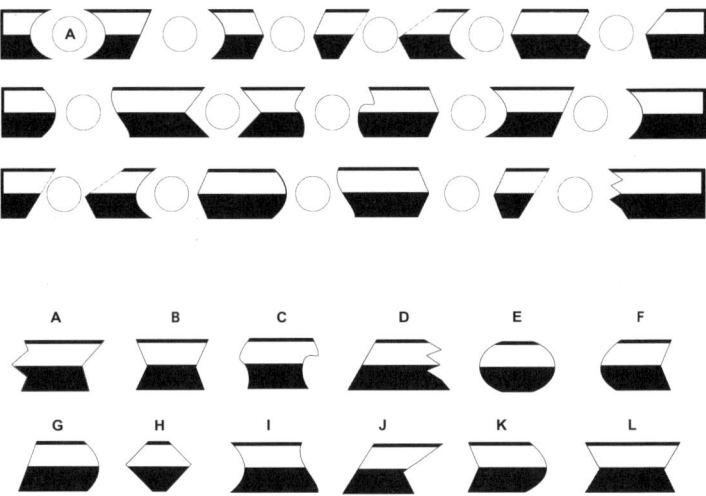

Sie haben die Übung geschafft, wenn Sie das rechts stehende
Ziel erreicht haben.

Versuch	1	2	3	4	5	Ziel
Sekunden						70 Sekunden

Weitere Methoden zur Förderung der Konzentration

Yoga-Übung für einen guten Start in den Tag

Wenn Sie sich morgens auf dem Weg zur Arbeit umsehen, dann wissen Sie schon, was los ist. Die meisten Leute, ob mit dem Auto oder zu Fuß unterwegs, sind noch gar nicht richtig aufgewacht. Missgelaunte Gesichter, fade Ausstrahlung, Gereiztheit – all das können Sie in der ersten Stunde nach Verlassen des Hauses bei vielen Menschen feststellen. Bei manchen ist es so extrem, dass sie noch um elf Uhr vormittags am Schreibtisch „im Koma" sind. Viele können nicht anders. Vielleicht sind auch Sie ein Morgenmuffel und wissen nicht, was Sie dagegen machen können. Doch mit der folgenden Methode haben Sie die Chance, etwas zu ändern und in Zukunft morgens mit mehr Energie zu starten. Es handelt sich um Übungen aus dem Yoga: die Yoga-Atemtechnik und das Sonnengebet. Viele Menschen kommen morgens so schwer in die Gänge, weil sie einen niedrigen Blutdruck haben. Hier setzen die Yoga-Übungen an: Sie erhöhen unter anderem in sehr kurzer Zeit den Blutdruck, verbessern die Durchblutung des Körpers und des Gehirns und bringen dadurch mehr Sauerstoff ins Gehirn.

Die Yoga-Atemtechnik

Stellen Sie sich nach dem Aufwachen vor das geöffnete Fenster, achten Sie aber darauf, dass kein Zug entsteht. Sie können so bekleidet sein, wie Sie sich wohl fühlen, nur darf am Körper nichts eingeengt oder eingeschnürt sein. Stellen Sie sich aufrecht hin und schauen Sie nach draußen. Nun atmen Sie auf folgende Art und Weise:

1. Atmen Sie tief in den Bauch ein.
2. Diese Luft bleibt in der Lunge und Sie atmen zusätzlich mit der Brust ein. Während dieser Tiefenatmung hängen Ihre beiden Arme locker am Körper herunter.
3. Ziehen Sie jetzt beide Schultern hoch in Richtung Ohren. Dabei müssen Sie gerade stehen bleiben, also weder die

Schultern nach vorne verkrampfen noch allzu sehr nach hinten drücken. Durch die hochgezogenen Schultern werden Ihre Lungenspitzen frei. Dadurch sind Sie in der Lage, noch etwas tiefer mit der Brust einzuatmen.

4. Die Luft bleibt in der Lunge, während Sie die Schultern wieder locker runterhängen lassen. Zählen Sie jetzt langsam in Gedanken von 21 bis 25 (ca. 5 Sekunden). So lange bleibt die Luft in der Lunge.

5. Nun beugen Sie sich leicht nach vorne, lassen die Arme locker nach unten hängen und atmen aus. Danach richten Sie sich auf und beginnen diesen Atemvorgang von vorn.

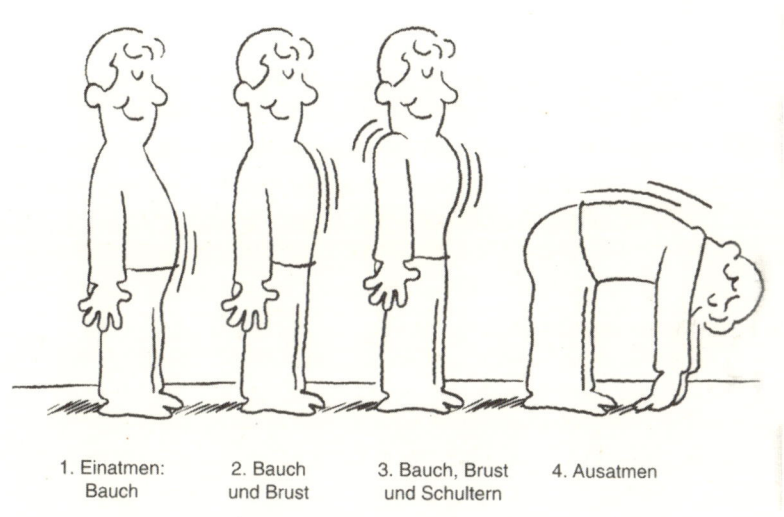

| 1. Einatmen: | 2. Bauch | 3. Bauch, Brust | 4. Ausatmen |
| Bauch | und Brust | und Schultern | |

Atmen Sie insgesamt fünf Mal in dieser Art. Durch diese Atemtechnik wird die gesamte Lunge bis in die letzten Winkel intensiv mit Sauerstoff versorgt. Pro Atemzug gelangt etwa vier bis fünf Mal so viel Sauerstoff in Ihren Körper wie bei einer ganz normalen Atmung. Durch das Anhalten der Luft hat der Sauerstoff die Zeit, ins Blut überzugehen. Sie stellen dabei fest, wie Sie ganz allmählich etwas warm werden und Ihr Kopf klarer wird.

Aber: Während des Atmens kann es passieren, dass es Ihnen schwindelig wird, Sie eine Art Rauschen im Kopf spüren. Das ist ein Zeichen dafür, dass Sie im Gehirn Ihr Sauerstoffmaximum erreicht haben. In diesem Fall reduzieren Sie sofort die Intensität Ihrer Atmung. Tun Sie das nicht, dann wird dieser Schwindel in eine kurze Ohnmacht übergehen, was im Grunde nichts Schlimmes ist, doch Sie könnten dabei hinfallen und sich verletzen.

Das Sonnengebet

Nach der Atemübung sind Ihr Körper und Ihr Gehirn gut durchblutet, mit Sauerstoff angereichert und Sie fühlen sich wärmer und frischer. Nun führen Sie das so genannte Sonnengebet durch. Es besteht aus acht Körperstellungen, die Sie in einer festgelegten Reihenfolge durchführen. Sie sind so ausgeklügelt, dass sie außerordentlich intensiv auf Ihren Körper wirken. Obwohl sie bei normaler Durchführung nur etwa drei Minuten in Anspruch nehmen, ersetzen sie von der Intensität etwa zwanzig Minuten Gymnastik. Diese Technik stammt aus Indien und wird Sonnengebet oder auch „Sonnengruß" genannt, weil die Inder diese Übungen morgens in Richtung aufgehende Sonne durchführen. Die Richtung, in der Sie stehen, hat für Sie allerdings keinerlei Bedeutung. Wichtig ist nur, dass dort, wo Sie stehen, vor Ihnen ein halber Meter und hinter Ihnen zwei Meter Platz ist.

Im Folgenden werden die Stellungen beschrieben. Sie werden wiederum mit der Yoga-Atemtechnik verbunden, allerdings wird dabei lediglich in Bauch und Brust eingeatmet, die Schultern bleiben außen vor. Bitte führen Sie zur Übung die Bewegungen erst einmal durch, ohne dass Sie die spezielle Atemtechnik beachten. Atmen Sie so, wie Sie können.

1. Gehen Sie zunächst in die erste Stellung, die so genannte Betstellung. Sie stehen aufrecht, mit geschlossenen Beinen. Sie schauen geradeaus und legen die Handflächen aufei-

nander. Die Unterarme sind dabei parallel zum Erdboden, die Fingerspitzen sind etwa auf der Höhe Ihres Kinns. Während Sie so stehen, versuchen Sie, Ihre Schulterblätter so weit wie möglich nach hinten zu ziehen. Jedoch nicht, indem Sie die Schulterblätter mit den Armen nach hinten drücken, sondern indem Sie bestimmte Bereiche Ihrer Rückenmuskeln aktivieren, die die Schulterblätter zusammendrücken. Dadurch entsteht eine sehr gerade Haltung.

2. Von hier aus dehnen Sie sich nach oben, das heißt, Sie recken sich in Richtung Decke. Dabei können Sie auf den Füßen stehen bleiben oder sich auf die Zehenspitzen stellen, wie in der Zeichnung zu sehen ist. Wenn Sie dabei die Handflächen weiter aufeinander halten und sogar Ihre Daumen dabei verschränken, dann fällt Ihnen das Dehnen leichter, Sie müssen dann nicht mehr Ihre Arme kontrollieren.

3. Als Nächstes gehen Sie in die Streckbeuge. Das heißt, dass Sie mit durchgedrückten Knien versuchen, mit den Fingerspitzen den Boden zu berühren. Der Kopf befindet sich dabei zwischen den Armen. Hier geht es aber nicht um Spitzenleistungen, sondern Sie sollen sich nur so weit nach unten strecken, wie Sie es schaffen. Der Sinn ist, dass von den Fersen bis zum Nacken auch der gesamte Rückenteil Ihres Körpers in einer angenehmen Weise gedehnt wird.

4. Anschließend gehen Sie sofort in die Startstellung, die gleiche Stellung, die Sie bei einem Wettlauf einnehmen. Ob Sie zuerst das rechte Bein nach vorne nehmen oder das linke Bein, spielt keine Rolle. Wichtig ist, dass später, wenn Sie diese Startstellung erneut einnehmen, das Bein gewechselt wird. Das vordere Bein steht mit der ganzen Fußfläche auf. Ihr Oberkörper ruht sich auf dem Oberschenkel aus. Das hintere Bein ist ein Stück nach hinten gestreckt und leicht angewinkelt. Das Knie des hinteren Beines darf dabei nicht den Boden berühren. Der Kopf liegt im Nacken, so dass Sie geradeaus schauen können.

5. Dann gehen Sie in die so genannte Brücke, strecken also Arme und Beine aus und den Po in Richtung Decke. Wichtig ist, dass sich der Kopf zwischen den Armen befindet und dass Sie versuchen, die Fersen möglichst auf den Boden zu stellen. Dadurch wird wiederum der gesamte Rückenbereich von der Ferse über die Waden, den Po und den Rücken bis Nacken gedehnt.

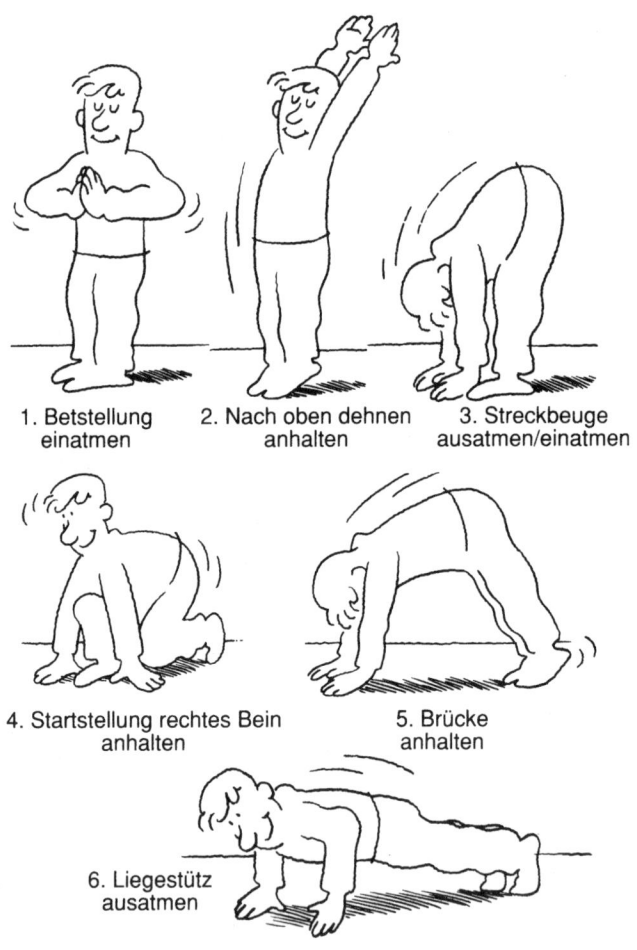

1. Betstellung
einatmen

2. Nach oben dehnen
anhalten

3. Streckbeuge
ausatmen/einatmen

4. Startstellung rechtes Bein
anhalten

5. Brücke
anhalten

6. Liegestütz
ausatmen

7. Hohlkreuz
einatmen

8. Brücke
anhalten

9. Startstellung linkes Bein
anhalten

10. Streckbeuge
anhalten

11. Nach oben dehnen
anhalten

12. Betstellung
ausatmen

Hier sehen Sie noch einmal alle Stellungen des Sonnengebets im Überblick. Bitte führen Sie die Übungen langsam aus.

6. Nun gehen Sie in den Liegestütz. Dabei ist der Körper parallel zum Boden, das Gesicht schaut entweder nach unten oder zur Seite.
7. Von dort aus gehen Sie über ins Hohlkreuz. Dabei sind die Füße nach hinten gestreckt, liegen also mit dem Spann auf dem Boden. Beide Arme sind gestreckt, das heißt voll durchgedrückt, der Kopf geht so weit wie möglich in den Nacken. Sie haben die Stellung dann richtig eingenommen, wenn Sie für die Arme keine Muskelkraft brauchen, um sie zu halten. In diesem Moment trägt das Knochengerüst den Körper. Hierbei haben Sie dann von den Füßen bis zum Kopf den gesamten vorderen Teil Ihres Körpers gedehnt. Diese Haltung erinnert an eine Kobra und wird deshalb auch „Kobra-Stellung" genannt.
8. Von der Kobra aus gehen Sie wieder in die Brücke (vgl. Schritt 5).
9. Danach nehmen Sie wieder die Startstellung ein (vgl. Schritt 4), diesmal steht jedoch der andere Fuß vorne.
10. Anschließend führen Sie die Füße zusammen, beugen Sie sich nach unten und gehen wieder in die Streckbeuge (vgl. Schritt 3).
11. Zum Schluss recken Sie sich erneut nach oben, wobei Sie zur Decke schauen.
12. Dann lassen Sie die Arme sinken und nehmen wieder die Betstellung ein. Nach zwei Atemzügen beginnen Sie erneut mit dem Zyklus.

Optimal ist es, wenn Sie morgens zuerst fünf Mal die Yoga-Atmung üben und direkt anschließend drei Mal hintereinander den kompletten Bewegungsablauf des Sonnengebets durchführen. Wenn Sie etwas Übung haben, können Sie das Sonnengebet mit der Atemtechnik verknüpfen:

• Atmen Sie in der Betstellung tief ein, und zwar zuerst in den Bauch und anschließend in die Brust. Während Sie sich nach oben dehnen und dabei zur Decke schauen, halten Sie die Luft an. Dann gehen Sie in die Streckbeuge, dort atmen Sie aus und direkt anschließend wieder ein.

- Nun halten Sie die Luft an, gehen in die Brücke, halten die Luft weiterhin an und gehen in den Liegestütz, wo Sie ausatmen.
- Gehen Sie in das Hohlkreuz und atmen Sie ein, dann halten Sie die Luft an, wenn Sie in die Brücke gehen, danach in die Startstellung, in die Streckbeuge und während Sie sich nach oben dehnen.
- Erst in der Betstellung atmen Sie aus und danach gleich wieder ein, da Sie das Sonnengebet drei Mal hintereinander durchführen sollen. In jeder Stellung verweilen Sie etwa drei bis vier Sekunden.

Wenn Sie das Sonnengebet praktisch automatisch absolvieren können und es regelmäßig durchführen, werden Sie davon sehr profitieren. Wenn Sie mit dem Üben beginnen, wird es etwa eine Woche dauern, bis sich Ihr Körper auf ein ganz neues Energieniveau einstellt. Doch dann sind Sie morgens wesentlich fitter – und werden es deutlich spüren, wenn Sie das morgendliche Sonnengebet mal vergessen oder auslassen.

Führen Sie beide Übungen auf jeden Fall morgens durch, gewissermaßen als Basis, und bleiben Sie konsequent dabei. Natürlich ist es auch möglich, tagsüber die Atemtechnik oder das Sonnengebet oder beides kombiniert einzusetzen, um einen „toten Punkt" zu überbrücken. Auch wenn Sie abends müde nach Hause kommen, können Sie diese Technik einsetzen, um für den Feierabend wieder fit zu sein. Wenn Sie tagsüber üben, sollten Sie aber darauf achten, dass Ihre Kleidung Sie nicht einengt, also Knöpfe öffnen und Gürtel lockern.

Entspannungstechniken

Erfrischender Kurzschlaf: Power-Napping

Power-Napping ist eine spezielle Kurzschlafmethode, auch unter dem Namen Schlüsseltechnik bekannt. Mit dieser Methode gelingt es Ihnen, so unglaublich es klingt, sich in fünf Minuten so zu entspannen und so viel Energie zu tanken wie mit einer Stunde Schlaf. Diese Technik können Sie sehr gut bei Marathonsitzungen einsetzen, bei langen Verhandlungen und anstrengenden Diskussionen. Während Ihre Mitstreiter in der Pause weiter diskutieren, ziehen Sie sich für etwa zehn Minuten zurück. Danach werden Sie wieder topfit sein, während die anderen mit Müdigkeit oder zumindest Mattigkeit kämpfen.

Der Traumrhythmus

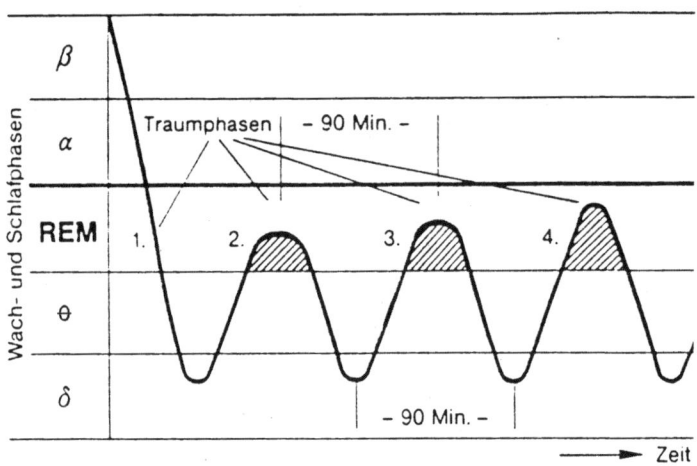

In dieser Abbildung sehen Sie das Geheimnis des Power-Nappings, nämlich die nächtlichen Traumphasen. Die elektrischen Aktivitäten des Gehirns verändern sich im Verlauf der

Wach- und Schlafphasen. Mit Hilfe der Elektroenzephalografie (EEG) werden die Hirnströme gemessen und aufgezeichnet, das jeweilige Wellenmuster gibt Aufschluss über die verschiedenen Phasen. Man unterscheidet die Beta-Phase, die Alpha-Phase, die REM-Phase, die Theta-Phase und die Delta-Phase.

Wenn der Mensch die Augen geöffnet hat, vor allen Dingen dann, wenn er hoch konzentriert und angespannt ist, befindet er sich im Beta-Zustand. Wenn er sich entspannt, die Augen schließt, die Gedanken loslässt, sich auf nichts konzentriert, dann befindet er sich im Alpha-Zustand. Typisch sind hierbei Empfindungen wie Schwere, Wärme, Leichtigkeit oder dass Teile des Körpers nicht zu spüren sind. Diese beiden Phasen, die Beta-Phase und die Alpha-Phase, gelten noch als Phase der Wachheit, nur eben in verschiedenen Abstufungen.

Der nächste Schritt ist die REM-Phase, die Abkürzung steht für „Rapid Eye Movement" (schnelle Augenbewegungen). Hier handelt es sich um die Traumphase, während der sich die Augen stark hin und her bewegen. Unter der Traumphase liegt die Theta-Phase, in der man relativ tief schläft und nur noch auf starke Umweltreize reagiert. Die darauf folgende Delta-Phase ist die Phase des Tiefschlafs.

Wenn Sie abends ins Bett gehen, werden Sie noch eine kurze Weile wach liegen (Beta-Phase). Dann werden Sie langsam in einen dösigen Zustand kommen (Alpha-Phase). Später werden Sie aus der Erinnerung sagen: Plötzlich war ich weg. In dem Moment haben Sie die Grenze zur nächsten Phase überschritten, sind eingeschlafen, und damit beginnt der Schlafrhythmus: Sie pendeln nun in einem Rhythmus von 90 Minuten zwischen der Delta-Phase und der REM-Phase hin und her. Sie kommen also vom Tiefschlaf in die REM-Zone und träumen, dann folgt erneut eine Tiefschlafphase, danach träumen Sie wieder. Die REM-Phasen dauern von einigen Minuten bis zu einer halben Stunde und nehmen im Laufe der Nacht an Dauer und Intensität zu.

Und nun folgt das eigentlich Verblüffende: Nicht etwa die Theta-Phase oder die Delta-Phase erfrischen beim nächtlichen Schlaf, sondern einzig und allein die Traumphasen. Wenn Sie also müde sind, wenn Ihnen die Augen zufallen und Sie jeden Moment einschlafen könnten, dann wird diese Müdigkeit in den Traumphasen abgebaut, nicht im Tiefschlaf. Das bedeutet: Die kurzen Traumphasen von vielleicht 15 Minuten erfrischen Sie genauso wie der Tiefschlaf in den restlichen 75 Minuten des 90-minütigen Schlafrhythmus. Aber es kommt noch besser: Die erste REM-Phase, wenn Sie also vom Wachzustand in den Schlafzustand gleiten, ist nur etwa 5 Minuten lang. Da bei dieser Traumphase naturgemäß das größte Schlafdefizit ansteht, beginnt hier, bildlich gesehen, eine Grobreinigung. Alles, was in den letzten 24 Stunden passiert ist, wird neu geordnet und verarbeitet. In den ersten 5 Minuten, direkt nach dem Einschlafen, ist dieser Verarbeitungsprozess wesentlich intensiver als in den nachfolgenden längeren Traumphasen, daher werden Sie durch diese erste kurze REM-Phase besonders intensiv und nachhaltig erfrischt. Wenn es Ihnen nun gelingen würde, einzuschlafen und genau in dem Moment aufzuwachen, wo Sie die Traumphase verlassen, um in die Delta-Phase überzugehen, dann hätten Sie anschließend, ohne dass Sie sich überhaupt zum Wachbleiben zwingen müssen, für gute zwei Stunden Reserven.

Das ist das Geheimnis des Power-Nappings: Sie entspannen sich, schlafen kurz ein und wachen auf, bevor Sie in die Tiefschlafphase fallen. Der Schlüssel dazu ist tatsächlich ein Schlüssel oder, noch besser, ein Schlüsselbund. Sie müssen wissen, dass Sie in den Traumphasen außerordentlich lärmempfindlich sind. Außerdem sinkt Ihr Muskeltonus, also die Muskelanspannung etwa um die Hälfte ab, wenn Sie in die Theta-Phase hinübergleiten. Das äußert sich zum Beispiel durch einen etwas geöffneten Mund oder durch eine geöffnete Hand.

Sie ahnen vermutlich schon, worauf ich hinaus will: Sie nehmen eine möglichst bequeme Haltung ein, zum Beispiel legen Sie sich auf eine Couch oder setzen sich auf einen bequemen Stuhl. Mit einer Hand halten Sie einen Schlüsselbund so, dass Ihre Handfläche zu Boden zeigt, wenn sich die Hand öffnet. Wenn Sie auf einer Couch liegen, dann legen Sie den Arm über die Sitzfläche eines Stuhls, so dass die Hand über die Stuhlkante hinausschaut und nicht den Boden berührt. Wenn Sie in einem bequemen Sessel sitzen, dann lassen Sie den Arm einfach hängen.

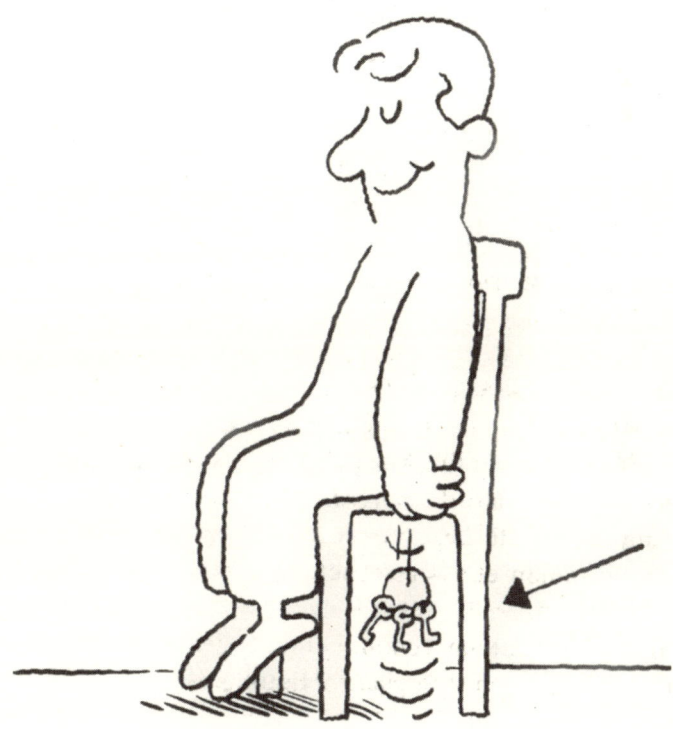

Sie haben es sich also mit dem Schlüsselbund in der Hand bequem gemacht und schlafen ein. Während Sie einschlafen, passiert nun Folgendes: Sie durchwandern die Alpha-Phase und tauchen in die REM-Phase ein. Ein paar Minuten lang träumen Sie und erfrischen sich dabei außerordentlich intensiv. In dem Moment, wo Sie die REM-Phase verlassen, hat sich Ihre Hand mit dem Schlüsselbund so weit geöffnet, dass die Schlüssel klirrend zu Boden fallen. Durch dieses Geräusch wachen Sie auf. Stehen Sie nun auf und gehen Sie einige Schritte hin und her, um den Kreislauf wieder in Gang zu bringen. Dann gehen Sie wieder an die Arbeit, kehren zur Sitzung zurück oder was immer Sie gerade tun. Sie werden deutlich spüren, dass Sie mit großer Energie weitermachen können.

Wichtig: Nachdem der Schlüsselbund gefallen ist, müssen Sie tatsächlich aufstehen. Wer sich noch einmal umdreht, der wird wieder einschlafen und schnell in die Tiefschlafphase gelangen – und wenn Sie dann nach ein paar weiteren Minuten aufwachen, sind sie träge und verschlafen. Denn die Tiefschlafphase, die normalerweise mindestens 1 Stunde dauert, wurde unterbrochen, was Ihr Körper Ihnen übel nimmt.

Ich gebe Ihnen eine hundertprozentige Garantie: Wenn Sie in der geschilderten Form mit dem Schlüsselbund in der Hand einschlafen, dann wird diese Methode absolut sicher funktionieren. Sie brauchen keine Angst zu haben, dass der Schlüsselbund vielleicht nicht fällt oder dass Sie das Klirren überhören. Beides wird mit Sicherheit passieren. Probieren Sie es aus! Vielleicht haben Sie beim ersten Mal Probleme einzuschlafen, weil Sie neugierig darauf lauern, was denn nun passieren wird. Und deshalb passiert vermutlich nichts, obwohl Sie gerade noch hundemüde waren. Aber beim zweiten Mal wird es besser funktionieren und Sie werden schnell zum Profi im Power-Napping.

Weitere Entspannungsmethoden

Auch wenn es sehr entspannend wirkt, ist Power-Napping im eigentlichen Sinn keine Entspannungstechnik, sondern eine

Kurzschlafmethode. Entspannungstechniken helfen Ihnen jedoch ebenfalls dabei, sich schnell und effektiv zu entspannen. Wenn Sie sie beherrschen, sind Sie in der Lage, sich sowohl in den Alpha-Zustand als auch in den REM-Zustand sinken zu lassen und dort so lange zu bleiben, wie Sie es möchten oder brauchen. Wenn Ihnen das mit einer Technik gelingt, schlagen Sie zwei Fliegen mit einer Klappe:

- Sie haben eine ausgezeichnete Möglichkeit, sich zu entspannen, also Entspannungs- oder Schlafdefizit abzubauen. Wenn Sie sich im Alpha-Bereich aufhalten, entspannt sich der Körper, die Muskeln werden locker, die Blutgefäße weiten sich und durchbluten den Körper besser. Ihr körperliches Wohlbefinden steigt insgesamt. Im REM-Zustand nutzen Sie wieder die Verarbeitungsfähigkeit der Traumphase aus, wie beim Power-Napping beschrieben. Hier können Sie davon ausgehen, dass 15 Minuten Entspannung 90 Minuten Schlaf ersetzen.
- Sie können in der Entspannung ganz gezielt mentale Kräfte aufbauen, um Ziele anzugehen, um ein gewünschtes Verhalten einzuüben, um Ihre Ausstrahlung zu erhöhen und anderes mehr. Diese Techniken, die sich Alpha-Mentale-Techniken nennen, stelle ich in anderen Büchern vor.

Für welche Entspannungsmethode Sie sich letztlich entscheiden, hängt davon ab, bei welcher Methode Sie sich wohl fühlen. Probieren Sie verschiedene Techniken aus und entscheiden Sie sich dann nach Ihrem persönlichen Geschmack. Wenn Sie schließlich eine Entspannungstechnik beherrschen, dann üben Sie sie regelmäßig. Setzen Sie sie für Ihre Entspannung ein, gebrauchen Sie sie dazu, mentale Reserven aufzubauen und zielgerichtet einzusetzen. Lassen Sie diese Möglichkeit, Ihr geistiges Potenzial zu stärken, nicht ungenutzt. Folgende Entspannungstechniken sind zu empfehlen:

Autogenes Training

Über die mentale Vorstellung, dass Ihr Körper warm und schwer ist, gelangen Sie nach und nach in einen Entspannungszustand. Das autogene Training ist relativ leicht zu erlernen und schon nach wenigen Wochen Üben können Sie den Alpha-Zustand erreichen. Nach einigen Monaten Training sind Sie sogar in der Lage, bis in den REM-Zustand zu sinken.

Progressive Muskelentspannung nach Jacobson

Durch bewusstes Anspannen und Lockern der Muskeln lernen Sie, wie sich der Zustand des Entspannens anfühlt – Sie spüren ihn deutlich, wenn die angespannten Muskeln sich lockern. Mit der Zeit erzielen Sie einen konditionierten Effekt, das heißt, Sie brauchen sich nur noch den schon oft empfundenen Zustand der gelockerten Muskeln herbeizuwünschen und sie entspannen sich. Es handelt sich hierbei um eine gute Technik für Anfänger und schon nach wenigen Wochen Üben können Sie die gewünschte Entspannung erreichen.

Meditation

Das Hauptziel der Meditation ist es, innerlich leer und ausgeglichen zu werden. Sie besinnen sich ganz auf sich selbst und nehmen Abstand von Ihrem Umfeld. Es gibt zahlreiche Varianten, hier muss jeder für sich selbst die passende finden.

Silva-Mind-Control oder Mind-Development

Bei dieser Technik wird der Körper in Farben und Zahlen unterteilt. Während zum Beispiel für den Kopf eine bestimmte Farbe und eine bestimmte Zahl festgelegt wird, die Sie in Gedanken aussprechen beziehungsweise sich vorstellen, versuchen Sie immer wieder, den Kopf zu entspannen. Nach etwas Übung tritt ein konditionierter Effekt ein, so dass Sie später nur noch an die Zahl und an die Farbe zu denken brauchen, und die Entspannung stellt sich automatisch ein. Mit dieser

Entspannungsmethode wird auch mental gearbeitet. So wird als erste Stufe eine so genannte Naturszene aufgebaut, in der Sie sich in ein ganz persönliches Umfeld zurückziehen, um sich zu entspannen. In der zweiten Stufe bauen Sie einen Workshop auf, in den Sie sich zurückziehen, wenn Sie Probleme abarbeiten wollen.

Simultantraining mit einer EEG-entwickelten Musik

In unserem Institut (Die Beyer-Seminare GmbH in Lindlar bei Köln) haben wir in Zusammenarbeit mit der Universität Köln eine Entspannungs-CD mit dem Titel „Strandszene" entwickelt. Dafür wurden Testpersonen an ein EEG angeschlossen, um ihre Hirnströme aufzuzeichnen. Ein Musiker spielte bestimmte Tonsequenzen und alle Sequenzen, die bei den meisten Testpersonen auf dem EEG den typischen Alpha- und REM-Zustand, also den Entspannungszustand, erzeugten, wurden zu einer Musik zusammengefasst. Es beginnt mit einem Meeresrauschen, daher der Titel „Strandszene". Mit dieser Musik erreichen die meisten Teilnehmer unserer verschiedenen Seminare schneller einen Entspannungszustand als mit anderen Techniken.

Eine Anmerkung zum Schluss

Wenn ich morgens aufwache und noch einige Minuten Zeit habe, dann drehe ich mich noch einmal auf die andere Seite und döse 10 bis 15 Minuten lang vor mich hin. Wenn ich dann aufstehe, sehe ich den Tag wesentlich positiver und habe deutlich mehr frische Energie, als wäre ich sofort aufgestanden. Das ist eine ganz normale Sache, die Sie sicher ebenfalls immer wieder intuitiv tun, vor allem an freien Tagen oder im Urlaub. Sie ist einfach, aber sehr effektiv. Was hier passiert, ist leicht zu erklären: Wer sich morgens noch einmal umdreht und vor sich hindöst, der taucht erneut in eine Traumphase ein. In dieser Traumphase werden – wenn man so will – die letzten Reste vom Vortag abgearbeitet. Wenn Sie 15 Minuten lang in dieser Traumphase sind, dann haben Sie im Endeffekt 90 Minuten Schlaf im Sinne von Müdigkeitsabbau angehängt. Das ist ein schöner Trick, den Sie ab heute ganz gezielt einsetzen sollten, um den Tag mit mehr Energie und mit mehr Motivation anzugehen.

Mentale Fitness

Traumreisen

Traumreisen sind eine wichtige Funktion der Psyche, um geistig Kraft zu schöpfen für den Alltag. Solche Traumreisen können Sie jederzeit und überall erleben. Legen Sie einfach eine entspannende CD ein (am besten Instrumentalmusik) und setzen oder legen Sie sich dann gemütlich mit diesem Buch hin. Lesen Sie, während Sie die Musik genießen, den folgenden Text ruhig und langsam durch. Genießen Sie ihn während der entspannenden Musik, träumen Sie sich regelrecht durch, indem Sie die Geschichte in Bildern sehen. Wenn Sie das zwei oder drei Mal gemacht haben, dann brauchen Sie den Text nicht mehr. Stellen Sie sich ähnliche oder ganz neue Geschichten vor, die sich als Traumreise eignen, immer von entspannender Musik begleitet. Auf diese Art und Weise werden Sie immer wieder Energie tanken und Abstand zu Ihrem anstrengenden und hektischen Tag gewinnen.

Ich wünsche Ihnen viel Erfolg und Genuss.

Es ist früh am Morgen. Du erwachst und liegst erstaunlicherweise an einem wunderschönen Strand. Die Sonnenstrahlen glitzern im Meer. Es ist wohlig warm. Du fühlst dich so wohl, dass du nicht weiter darüber nachdenkst, wie du an diesen Strand gekommen bist. Und du bist bereit, das wunderbare Angebot dieser Stunde wahrzunehmen! Das Angebot, in einem herrlichen Flug die Zeit zu überwinden.

Du spürst, wie deine Stirn sich öffnet und aus dir heraus ein Ballon aufsteigt in den blauen Himmel, der Sonne entgegen. Du steigst mit ihm auf, sitzt wohl und zufrieden, voller wunderbarer Spannung in dem Korb des Ballons und schwebst dahin. Unendlich sicher. Jenseits aller Gefahr. Jenseits aller Ängste. Du schwebst zwischen Himmel und Erde. Die Dimensionen lösen sich auf. Und ohne dass du das Geringste zu befürchten hättest, schaust du hinab auf die große Kugel, die Erde heißt. Du schwebst in die Zeit vor viereinhalb Milliarden Jahren hinein. Eben ist sie entstanden, die Erde. Aus der Geborgenheit deines schwebenden Korbes schaust du hinunter und siehst riesige Meere. Und riesige Wälder. Unendliches Blau und tiefes, tiefstes Grün. Wohl und geborgen schwebst du dahin. Noch regt sich nichts auf dieser Erde. Und du siehst, wie das Wasser sich bewegt und wie das Land sich bewegt. Und da, wo eben noch Wasser war, siehst du jetzt einen riesigen Urwald. Und dort, wo eben noch Land grünte, ist jetzt ein tiefblauer Ozean.

Der Wind saust vorbei, ganz leicht und zart. Unendlich wohl und ruhig fühlst du dich bei dem Flug durch die Zeit der Welt. Und viele, viele Millionen Jahre vergehen, und du schaust hinunter und siehst jene großen, großen Tiere, die die Menschen später die Dinosaurier nennen. Aus dem Wasser steigen große Reptilien. Manche siehst du miteinander kämpfen. Manche siehst du groß und mächtig auf einer Lichtung stehen. Ganz sicher bist du – zwischen Himmel und Erde schwebst du dahin.

Und viele, viele Millionen Jahre vergehen. Dort, wo Land war, siehst du Wüsten von Eis. Es tobt über der Welt ein großer Sturm und die Leben vergehen – einsam, ganz einsam liegt unten die Welt, die du aus deiner wohligen Geborgenheit sicher und ruhig betrachten kannst. Es versinken Länder, es versinken riesige Wälder in Meer und Eis. Es fliegen Hitzewellen über die Welt dahin und vernichten die bisher so wichtigen Leben.

Millionen Jahre, Millionen Jahre schwebst du dahin, deinen forschenden, ruhigen Blick auf die Erde da unten gerichtet.

Im Herzen eine wohlige Leere. Alles hinein lässt du, weil nichts an Gefahr droht. Und aus den Meeren heraus siehst du neues Leben entstehen. Neue Wälder und Savannen, Wüsten und Wiesen entstehen, um mit dem Meer neues Leben zu gebären.

Es wachsen die Blumen – die Farben der Welt. Und in den nächsten Millionen Jahren – so siehst du – entstehen die tausend Arten, die vielen Tiere, die es heute noch gibt – heute, tausend Millionen Jahre später.

Und du siehst, wie sich die Tiere der Welt verbreiten – wie sie von da nach dort ziehen, wie sie an den grünen Ort des Lebens sich begeben. Millionen Mal geht die Sonne auf und unter.

Einige Arten siehst du von der Welt verschwinden und neue entstehen.

Du bist erstaunt und recht gespannt, als dort unten eine neue Art entsteht: Lebewesen, die sich erheben – noch mit Fell behangen, am Morgen dennoch aufrecht stehend, die grüne Höhle verlassend, die du dort unten siehst. Eine Horde ganz anderer Art, als du bisher gesehen hast. Der Nebel steigt, du siehst die frühen Jäger den Stamm verlassen, wie sie gebückt durch das hohe Gras der Urzeit schnell und gezielt sich auf ein Tier zu bewegen. Du blickst hinüber zur Höhle, die einen unendlich großen Eingang hat. Wie die Frauen dort hocken, arbeiten, vorbereiten – auf die Heimkehr der Männer wartend.

Der Abend – die Heimkehr, du siehst die untergehende Sonne. Du lauschst in die Stille der beginnenden Nacht, siehst die letzten Strahlen, bis der Mond aufgeht und deine Augen die Welt für kurze Zeit verlassen müssen.

Du schwebst durch die Zeit und du ahnst, dass es
weitergeht.

Sie ändern sich und sie werden mehr. Der Stamm geht
unter ... und du siehst am anderen Zipfel der Welt einen
neuen Stamm sich aufrichten ... mit anders geformter Stirn
... schon betend ... schon den Tod gefunden ... schon
erzitternd in Angst vor der Willkür der Natur ... schon mit
der Hoffnung, sie zu überwinden.

Sie kommen und gehen im unendlichen Wandel der Zeit.
Und du fliegst hinein in die lichte Zeit der ersten großen
Kulturen. Dein Ballon wiegt sich im Wind – und unten
siehst du die weiß gekleideten Gestalten in Athen. Oder
die Hethiter oder die Sumerer. Du siehst den Marktplatz
und hörst die Gespräche der Philosophen. Hörst sie leise
an dein Ohr kommen; die Worte nie mehr vergessend,
schwebst du dahin.

Und du siehst die Babylonier und die Assyrer, du siehst
Alexander auf seinem großen Pferd ... du siehst Ares an
der Spitze eines unendlichen Heeres. Und du siehst die
hölzerne List des Odysseus mitten in einer Stadt, die Troja
hieß. Es ist eine Zeit, wo die Sonne unendlich heiß ist ...
du siehst, wie die Menschen sich lieben und hassen und
sich streicheln und schlagen. Und du siehst die einen
gebückt und die anderen aufrecht – die einen am Pflug,
die anderen sitzen warm in den Thermen.

Ein Kaleidoskop der großen Kulturen – der Riege des
Geistes ... und so fliegst du, und so fliegst du. Und du
siehst unten das Märchen – das große Märchen des
aufrechten Ganges. Du fliegst hinein, hinein in eine Zeit –
die man die Zeit nach Christus nennt. Du fliegst hinein in
die Zeit, die man das finstere und dunkle Mittelalter nennt.
Du siehst dunkle Burgen am Rhein ... du siehst Ritter ... du
siehst die großen Schwerter der Zeit. Oder du schaust in

das Land, wo die Sarazenen wohnen. Oder du schaust auf das Meer, wo Schiffe gen neue Lande fahren.

Es ist eine Zeit der Finsternis – eine Zeit, in der viel vergeht an Kultur und Geist. Ruhig und besonnen schaust du hinunter und verfolgst dort die Grausamkeit. Auch das ist die Zeit der Menschen ... alles kommt ... alles geht. Alles kommt und alles geht.

So kommt auch die Zeit – so siehst du von deinem luftigen Ort –, in der sie wieder da unten entdecken ... was des Geistes und des Mutes ist. Du siehst, wie sie die Papiere der alten Griechen entdecken und lesen.

Und du siehst Männer – wie sie sich abwenden von dem Dogma der Zeit. Wie sie forschen und beschreiben, was die Wirklichkeit ist. Wie sie ausgestoßen werden aus der Wahrheit. Aber wie sie sich nicht abbringen lassen, zu entdecken, zu forschen. Die Wahrheit zu finden über Gestirn und Erde, über Leben und Sein, über Entstehung und Tod. Du fliegst durch die Zeit der Aufklärung in neue Jahre der Wirrnisse hinein. Die alten Formen der Macht bröckeln, Revolutionen erschüttern den Erdteil, so siehst du dort unten die Einrichtung der neuen Zeit.

Und du fliegst in die Zeit, in die Nähe, wo ein kleines Mädchen geboren wird. Und wo an einer anderen Stelle ein kleiner Junge geboren wird. Das Mädchen wird später deine Mutter sein und der Junge wird später dein Vater sein. Und du siehst das Mädchen, wie es größer wird. Und du siehst den Jungen, wie er größer wird. Und beide sind voneinander noch weit entfernt. Doch hinabschauend – von dem Ballon, der durch die Zeit des Lebens führt – siehst du im Zeitraffer, wie diese beiden Menschen aufeinander zu gehen. Das Mädchen wird zur jungen Frau. Der Junge wird zu einem jungen Mann. Und du siehst, wie sie schon nah beieinander sind, noch die letzten Schritte gehen müssen, um sich zu finden. Du siehst, wie die Menschen, die deine Eltern sein werden, sich zum ersten Mal die Hände reichen. Und du siehst, wie sie im Herzen, in Zukunft und Vergangenheit, Glück und Leid schon gespeichert haben

Und wir fliegen an die Stunde deiner Entstehung. Du siehst, wie sich die Frau und der Mann vereinigen. Und siehst noch einmal und schaust tief hinein in diese Menschen, ob du willkommen sein wirst oder nicht, ob du gewünscht bist oder nicht. Du fliegst durch die Zeit in der warmen Geborgenheit des Korbes unter der Sonne. Durch die Monate im Leib deiner Mutter. Und du fliegst heran an den Tag, als sie sich hinlegt, dass du das Licht der Welt erblickst. Noch einmal fliegst du in der ruhigen Besonnenheit dieser Stunde durch den Gang, der dich an die Wirklichkeit bringt.

Und du siehst, wie du auf dieser Welt empfangen wirst. Vielleicht in Freude, vielleicht auch in Ablehnung.

Du spürst noch einmal die mütterliche Liebe – oder auch ihre Schwäche, dich zu lieben. Und du fliegst in die Zeit, wo Vater und Mutter noch bei dir sind oder vielleicht schon auseinander sind. Und in die Zeit, in der du aufrecht gehst, als wären Milliarden Jahre der Entwicklung in dir zusammengeschlossen. Und du wirst vier und fünf und sechs. Es kommt der Tag, da siehst du dich in die Schule gehen. Neue Menschen treten in dein Leben – und die Schritte werden schneller und schneller. Immer schneller. Du wirst zehn und elf, und es kommt der Tag, als du merkst, dass es ein anderes Geschlecht gibt – es kommt der Tag der ersten Freundschaft. Es kommen die Tage der Liebe, des Hasses, der Hoffnung, der Sehnsüchte ... die Tage der Niederlagen – alle Farben deines Lebens siehst du vorbeifliegen. Du siehst sie vorbeiziehen – die Gesich-

ter deines Lebens. Spürst das Pochen deines Herzens. Die
Erwartung der Zukunft.
Du siehst – ganz schnell vorbeiziehen bei dem Flug durch
die Zeit – die letzten Jahre. Du spürst, wie der Ballon sich
senkt und dass du bald landen wirst. An jenem Strand. Du
erinnerst dich, wo du heute Morgen aufgewacht bist – und
aufgestiegen bist … zum großen Flug durch die Zeit.
Dort kommst du an. Dort legst du dich hin und wartest,
wartest …

Bleiben Sie jetzt noch einige Zeit liegen und lassen Sie die
Traumreise so lange nachwirken, wie Sie möchten.

Ernährung fürs Gehirn

Essen macht klug – „Brainfood" für die grauen Zellen

Finden Sie Konzentrationstraining anstrengend? Dann legen
Sie doch öfter eine Pause ein und gönnen sich stattdessen eine
„kluge Mahlzeit".

Unser Gehirn macht zwar nur 2 Prozent des Körpergewichts
aus, benötigt aber etwa 20 Prozent der Kalorienmenge, die wir
mit der Nahrung aufnehmen. Um leistungsfähig zu bleiben,
muss das Gehirn trainiert und gut ernährt werden – so wie ein
Leistungssportler. Noch nie musste ein menschliches Gehirn
so viel leisten wie heute. Jeder, der seinem Gehirn täglich
Höchstleistungen abverlangt, sollte es deshalb auch mit gehalt-
voller Nahrung füttern. In diesem Kapitel werden Nahrungsmittel, Mineralien und Vitamine vorgestellt, die wissenschaftli-
chen Untersuchungen zufolge die Leistung Ihres Gehirns
deutlich verbessern und fördern.

DMAE

DMAE (Dimethylaminoäthanol) fördert die Gedächtnis- und
Lernfähigkeit und kann sogar die Intelligenz steigern. Es ist
eine veränderte Form des Cholins und kann besser als Cholin
die Blut-Hirn-Schranke überwinden. Im Gehirn wird es zu
Actylcholin umgewandelt, was als Botenstoff bei den komple-
xen Gehirnfunktionen eine wichtige Rolle spielt (siehe auch
„Lezithin"). DMEA wird erfolgreich gegen Konzentrationsstö-
rungen und Hyperaktivität bei Kindern eingesetzt. Mit Medika-
menten, die DMAE enthalten, werden Symptome wie Müdigkeit, Antriebsarmut oder auch depressive Stimmungen behan-
delt, da es das zentrale Nervensystem stimuliert. Es ist als
Nahrungsergänzung in Kapselform erhältlich.

Ginkgo

Der Ginkgobaum stammt aus Ostasien. Die Verwendung seiner Blätter als Heilmittel wurde bereits zwischen 300 v. Chr. und 200 n. Chr. entdeckt, wie alte chinesische Schriften belegen. Im Mittelalter wurde Ginkgo vorwiegend zur Behandlung von Atemwegserkrankungen, Unruhezuständen, Erfrierungen, Hautkrankheiten, Magenleiden und Tuberkulose genutzt. In der heutigen Heilkunde wird dem Ginkgo eine durchblutungs-fördernde Wirkung zugesprochen. Er fördert also auch die Durchblutung des Gehirns, was zu einer besseren Gedächtnis-leistung, einer besseren Konzentrations- und Aufnahmefähig-keit führt. Wer regelmäßig Ginkgo-Extrakt zu sich nimmt, kann auf natürliche Weise seine geistige Leistungsfähigkeit positiv beeinflussen.

Glutamin

Glutamin ist eine Aminosäure und gelangt über das Blut genauso schnell ins Gehirn wie Alkohol, Glukose oder Drogen. Jedoch schädigt Glutamin den Organismus nicht, sondern fördert das Gedächtnis und die Intelligenz. In der Nahrung ist Glutamin vor allem in Quark, Joghurt und Soja zu finden. Zahlreiche Stoffwechselfunktionen werden positiv beeinflusst, was auch und vor allem dem Gehirn zu Gute kommt. Glutamin reduziert Stress, dämpft den Heißhunger auf Schokolade und wird auch gegen Alkoholismus verwendet. Bei einem Stim-mungstief und nervlicher Belastung ist die Einnahme von Glutamin ebenfalls hilfreich.

Lezithin

In Lezithin steckt Cholin (ein B-Vitamin), das der Körper in Acetylcholin umwandelt, einen wichtigen Botenstoff für die Nervenzellen (siehe auch „DMAE"). Ohne diesen Botenstoff werden keine Informationen zwischen den Nervenzellen weitergeleitet. Er ermöglicht also den Gehirnzellen, miteinander zu kommunizieren, und damit uns, nachzudenken und uns zu konzentrieren. Lezithin findet sich vor allem in Eiern, Sojabohnen, Lachs und Rindfleisch, es gibt auch verschiedene Lezithinpräparate. Bei Belastung durch Stress, bei depressiven Verstimmungen oder geistigen Aussetzern kann die zusätzliche Einnahme von Lezithin helfen.

Octacosanol

Octacosanol ist Bestandteil verschiedener Pflanzenfette und -öle, die höchste Konzentration findet sich in Weizenkeimöl. Es hat günstige Auswirkungen auf die geistige und körperliche Leistungsfähigkeit, wirkt der Gefahr der Blutplättchenverklumpung und Thrombosebildung in Venen und Arterien entgegen, senkt den Cholesterinspiegel und eignet sich auch zur Behandlung von Hirn- und Nervenschäden, zum Beispiel nach einem Unfall oder bei der Genesung nach einem Schlaganfall.

Organisches Germanium

Organisches Germanium verdankt seinen Namen seinem deutschen Entdecker Clemens Winkler, in Deutschland ist es allerdings bislang noch wenig bekannt. Dagegen wird es in den USA und in Asien seit über 30 Jahren zur Behandlung unterschiedlichster Krankheiten eingesetzt. Die Forschungsergebnisse der letzten Jahre belegen überzeugend, dass durch organisches Germanium die Sauerstoffversorgung im Körper und damit auch im Gehirn erheblich verbessert wird. Es stärkt das Immunsystem, schützt vor Vergiftungen und verbessert die Gehirnleistung durch die Erzeugung körpereigener Endorphine. Japanische Forscher haben festgestellt, dass organisches Germanium in vielen Heilpflanzen wie zum Beispiel Ginseng vorkommt. Der Wirkstoff ist inzwischen auch in Deutschland in unterschiedlichen Formen erhältlich.

Phenylalanin

Phenylalanin ist eine essenzielle Aminosäure und in vielen
Nahrungsmitteln enthalten, vor allem in Soja, aber auch in
Weizenkeimen, Gemüse, Nüssen, Samen, Milchprodukten,
Fisch und Fleisch. Diese Aminosäure erzeugt im Körper verschiedene Neurotransmitter, die Voraussetzung für die Über-
tragung von Nervenimpulsen sind. Phenylalanin regt also die
Gehirnzellen an und kann die intellektuelle Leistungsfähigkeit
und die Motivation steigern. Es wird jedoch auch als Schmerz-
stiller eingesetzt, zum Beispiel bei der Behandlung von chroni-
schen Schmerzen wie Migräne oder Rückenschmerzen. Zu viel
Phenylalanin führt zu erhöhtem Blutdruck, daher sollte man
bei der Einnahme von Phenylalaninpräparaten den Blutdruck
verstärkt kontrollieren.

RNS (Ribonukleinsäure)

RNS ist ein Protein, das vor allem in Sardinen vorkommt und
als Garant für ein langes, gesundes Leben gilt. Auch viele
pflanzliche Nahrungsmittel, wie Spinat, Pilze, Erbsen und
Linsen oder Sojaprodukte, sind sehr gute RNS-Lieferanten.
RNS sorgt für lebenswichtige Stoffwechselfunktionen im Gehirn und stabilisiert das Immunsystem. RNS und DNS (Desoxy-
ribonukleinsäure) sind Bestandteil unserer Körperzellen, enthalten Erbinformationen und steuern die Produktion körpereigener Proteine. RNS ist ein natürliches Antioxidationsmittel,
daher ist es auch in vielen Produkten zur Verbesserung der
Gedächtnisleistung enthalten. Sie sollten kein zusätzliches RNS
aufnehmen, wenn Sie an Gicht leiden, da es die Symptome
verstärkt.

Tyrosin

Tyrosin ist eine nicht essenzielle Aminosäure, die in den meisten Proteinen vorkommt. Wir können Tyrosin aus Phenyl-alanin (siehe dort) synthetisieren, das wir mit der Nahrung aufnehmen. Tyrosin hat als Basis für Nervenbotenstoffe eine relativ stark aufhellende Wirkung. Daher wird es, wie Phenyla-lanin auch, als mildes Antidepressivum eingesetzt und empfoh-len. In Untersuchungen wurde festgestellt, dass häufig Depres-sionen die Ursache für eine verminderte Gedächtnisleistung sind. Zur Behandlung von schweren Depressionen ist Tyrosin jedoch nicht geeignet. Bei Stress und einer hohen Beanspru-chung der körperlichen und geistigen Fähigkeiten kann die Aufnahme von Tyrosin sehr sinnvoll sein, allerdings wird bei einer Überdosierung (ab 200 mg täglich) der Blutdruck er-höht.

Ernährung beeinflusst unser Denkvermögen

Was wir essen, hat nicht nur Auswirkungen auf unsere körperli-che Gesundheit, sondern auch auf das Gehirn und das Ge-dächtnis. Beispielsweise kann ein Mangel an Vitamin B12 zu schweren Störungen der Gehirnfunktionen führen. Wie sehr Ihre Ernährung zudem mit Ihrer Stimmung zusammenhängt, merken Sie selbst, wenn Sie hungrig sind. Der Blutzuckerspie-gel sinkt ab, Sie werden reizbar und nervös. Bei „Unterzucke-rung" sind Sie zu keinen geistigen Höchstleistungen fähig, denn Ihrem Gehirn fehlen wichtige Nahrungsstoffe und Ihr gesamter Organismus konzentriert sich auf Nahrung. Ebenso reagiert Ihr Gehirn nach einem üppigen Essen träge, weil der Körper seine Energie in den Verdauungsvorgang steckt. Be-wusstes Essen und hochwertige Nahrung sind also gute Voraus-setzungen, um geistig fit zu bleiben. Grund genug, um die eigenen Ernährungsgewohnheiten einmal gründlich unter die Lupe zu nehmen.

Bildschirmarbeit

Nahezu jeder Büro-Arbeitsplatz ist heute mit einem Computer ausgestattet. Auch zu Hause gehört der Umgang mit PC und Internet immer mehr zur Selbstverständlichkeit. Am Ende des Tages haben viele Menschen das Gefühl, „eckige" Augen zu haben. Das äußert sich durch Rötungen, Brennen und Jucken der Augen. Mehr als 30.000 Blickwechsel zwischen Bildschirm, Tastatur und Vorlagen müssen sie pro Tag bewältigen. Zudem sinkt durch konzentriertes Blicken auf den Monitor die Zahl der Lidschläge, die die Augen mit der notwendigen Tränenflüssigkeit versorgen.

Wer bereits bei der Einrichtung seines Arbeitsplatzes einige Grundregeln beachtet, kann seine Augen spürbar entlasten. So sollte der Abstand der Augen zum Bildschirm 50 bis 70 Zentimeter betragen und der obere Rand des Bildschirms sich nicht über Augenhöhe befinden. Der Monitor sollte darüber hinaus frei von Spiegelungen sein.

Mit kleinen Übungen den Durchblick behalten

Aber auch wenn diese Voraussetzungen geschaffen sind, werden durch langes, dauerhaftes Blicken auf den Bildschirm die Ringmuskeln in den Augen angestrengt, so dass sie ermüden. Kleine Übungen zwischendurch bieten den Augen die notwendige und verdiente Entspannung.

1. Augenübung: Augengymnastik

Schließen Sie die Augen und führen Sie mit den Augäpfeln bei geschlossenen Augen Kreisbewegungen aus.

- 5-mal rechts herum
- 5-mal links herum
- 5-mal waagerecht von links nach recht und zurück

- 5-mal senkrecht von oben nach unten und zurück
- 5-mal diagonal von links unten nach rechts oben und zurück
- 5-mal diagonal von rechts unten nach links oben und zurück

Effekt der Übung: Bei geschlossenen Augen werden die Augen entspannt defokussiert und durch die Kreisbewegungen werden die Augenmuskeln sehr vielseitig angespannt und wieder entspannt, was einer Muskelgymnastik entspricht. Dadurch werden Überlastungen der Augen etwas kompensiert.

2. Augenübung: Fensterkreuz

Suchen Sie sich ein beliebiges Fenster (Abstand etwa ein Meter) aus und schauen Sie auf das Fensterkreuz. Ist kein Fensterkreuz vorhanden, dann schauen Sie auf den linken oder rechten Fensterrahmen. Von hier aus schauen Sie nach draußen ins Grüne, anschließend schauen Sie wieder auf das Fensterkreuz (bzw. auf den Rahmen), dann wieder hinaus ins Grüne usw. Der Wechsel zwischen Fensterkreuz und Ausblick sollte etwa im Sekundenrhythmus geschehen.

    Effekt der Übung: Die Augenmuskeln üben, auf nah und fern liegende Gegenstände zu fokussieren. Dadurch werden die Augenmuskeln trainiert, das Scharfsehen wird stabilisiert.

3. Augenübung: Daumensprung

Schauen Sie entspannt und aufrecht sitzend in die Ferne. Halten Sie den nach oben gerichteten Daumen rund 40 Zentimeter vor die Augen. Blicken Sie nun direkt auf den Daumen. Er erscheint einmal und scharf. Sehen Sie dann wieder in die Ferne. Der Daumen sollte jetzt verschwommen und doppelt erscheinen. Wechseln Sie sieben Mal zwischen Nah- und Fernsicht.

    Effekt der Übung: Auch hier werden die Augenmuskeln trainiert und das Scharfsehen wird stabilisiert, indem Sie zwischen Nah- und Fernsicht wechseln.

4. Augenübung: Liegende Acht

Schließen Sie die Augen und zeichnen Sie mit der Nasenspitze eine liegende Acht (Zeichen für unendlich) nach. Bewegen Sie dabei den Kopf entsprechend. Bitte beschreiben Sie diese liegende Acht insgesamt 20-mal hintereinander.

Effekt der Übung: Die feinen Nackenmuskeln, die oft zu Verspannungen und Kopfschmerzen führen, werden entspannt. Gleichzeitig bewegen sich Ihre Augen automatisch entgegen der Kopf- bzw. Nasenspitzenbewegung und beschreiben damit eine gegenläufige liegende Acht. Dadurch werden die Augenmuskeln entspannt und trainiert. Beschreiben Sie eine kleine liegende Acht, so trainieren Sie überwiegend die kleinen Muskeln. Wenn Sie eine große liegende Acht beschreiben, dann trainieren Sie die großen Muskeln.

5. Augenübung: Palmieren

Eine besonders wirkungsvolle Übung ist das so genannte Palmieren. Legen Sie die Handballen mit leichtem Druck auf die Augen, so dass kein Licht mehr hindurchfällt. Schließen Sie dabei die Augen und bleiben Sie ein bis zwei Minuten in dieser Haltung. Danach bewegen Sie die Hände ganz langsam von den Augen fort und öffnen sie vorsichtig. Sie sollten nicht durch das einfallende Licht geblendet sein.

Effekt der Übung: Die Augen und die Muskulatur um die Augenhöhlen werden entspannt.

6. Augenübung: Lichtbaden

Schauen Sie entweder auf ein hell erleuchtetes, sonniges Fenster oder aber auf eine helle Lampe. Dabei soll der Kopf nicht so sehr nach hinten geneigt sein, also keine Lampe ansehen, die an der Decke hängt. Schließen Sie jetzt die Augen und bewegen Sie mit geschlossenen Augen Ihren Kopf ständig von links nach rechts und zurück, wobei Sie durch die geschlossenen Augen den hellen Lichtschein wahrnehmen, wenn Ihr Kopf geradeaus schaut. Nach links und nach rechts hin wird es dann dunkel. Auf diese Art gelangt eine „pulsierende Lichtquelle" über Ihre geschlossenen Lider in Ihre Augen.

Effekt der Übung: Ihre Sehnerven werden angeregt und somit auch regeneriert.

Variante der Übung „Lichtbaden"

Sie sollten auch ab und zu mit geschlossenen Augen in hellem Sonnenlicht (z. B. an einem Strand) liegen, wobei die geschlossenen Augen Richtung Sonne gerichtet sind. Auch dieses helle, aber gleichzeitig gedämpfte Licht stimuliert Ihre Augennerven.

---

7. Augenübung: Handwärmen

Bitte setzen Sie sich bequem hin und stützen Sie Ihr Gesicht in Ihre Hände, und zwar so, dass der rechte Handballen sanft auf Ihrem rechten geschlossenen Auge, der linke Handballen auf Ihrem linken geschlossenen Auge liegt. Dabei können Sie die Ellenbogen auf einen Tisch stützen oder auf ein Kissen, das Sie vor den Bauch legen, so dass Sie keine zusätzliche Muskelkraft für die Arme brauchen. Spüren Sie jetzt, wie sich durch Ihre Handballen (diesmal ohne Druck auf die Augen) Ihre Augen langsam erwärmen. Träumen Sie dabei vor sich hin und bleiben Sie einige Minuten in dieser Position. Sie können diese Übung auch eine halbe Stunde oder eine Stunde lang durchführen, wenn Ihnen danach zumute ist.

Effekt der Übung: Die Augen werden durch die Wärme der Handballen auf natürliche Weise durchblutet und damit wieder ein wenig regeneriert.

8. Augenübung: Stirnmassage

Legen Sie Daumen und Mittelfinger an die Nasenwurzel und den Zeigefinger an die Stirn. Bewegen Sie die Finger aufeinander zu und wieder auseinander, wobei sie auf die Nasenwurzel leichten Druck ausüben.

Effekt der Übung: Die Augen werden entspannt.

9. Augenübung: Kreiseln

Legen Sie beide Zeigefinger auf die Stirnmitte. Fahren Sie von dort mit ruhigen, kreisförmigen Bewegungen über die Schläfen bis zum unteren Ohransatz.

Effekt der Übung: Massage und damit Entspannung der Kopfmuskeln.

10. Augenübung: Entspannungsgähnen

Haben Sie keine Scheu und gähnen Sie. Lassen Sie den Unterkiefer fallen und atmen Sie durch den Mund kräftig ein.

Effekt der Übung: So wird die gesamte Muskulatur rund um die Augen zuerst intensiv angespannt und danach entspannt.

11. Augenübung: Wedeln

Stellen Sie sich in Ihr Zimmer und lassen Sie angenehme, rhythmische Musik laufen, die Ihnen gefällt. Drehen Sie dabei den Oberkörper von links nach rechts, lassen Sie dabei beide Arme locker hängen und schlenkern. Wandern Sie dabei mit den Augen von der einen Zimmerecke in die andere.

Effekt der Übung: Dieses lockere Armschlenkern zur Musik und ebenfalls „lockere Schlenkern" der Augen erzeugt eine hohe Entspannung für den Körper und die Augen, harmonisiert Ihren Geist und kann auch bei Schlafstörungen helfen.

12. Augenübung: Jonglieren

Spielen Sie häufiger Tischtennis oder üben Sie das Jonglieren mit Bällen. Dabei genügen bereits zwei Bälle, denn es kommt nicht auf die Fertigkeit des Jonglierens an, sondern darauf, dass Ihre Augen den Tischtennisball bzw. die jonglierten Bälle verfolgen sollen.

Effekt der Übung: Da sich ständig die Entfernung zu Ihrem Auge verändert und die Bewegung der Bälle sehr zufällig und damit unverkrampft für das Auge verläuft, trainieren Sie Ihre Augen gymnastikartig

---

Die beschriebenen Übungen dauern nur wenige Minuten. Trainieren Sie ein bis zwei Mal pro Tag, dann werden Sie Ihre Sehkraft stärken und auf lange Sicht den „Durchblick behalten". Sie müssen aber nicht alle Übungen machen. Wählen Sie die aus, die Ihnen guttun.

In eigener Sache

In seinen Instituten bietet der Autor mit seinem Trainerteam Seminare, Vorträge, Workshops und Coachings zu folgenden Bereichen an:

- Führen
- Sprachen
- Persönlichkeit
- Die Assistentin als Allround-Talent
- Konfliktsouveränität
- Kreativität
- Verkaufstraining
- Change-Management
- Telefontraining
- Arbeitstechniken
- Marketing

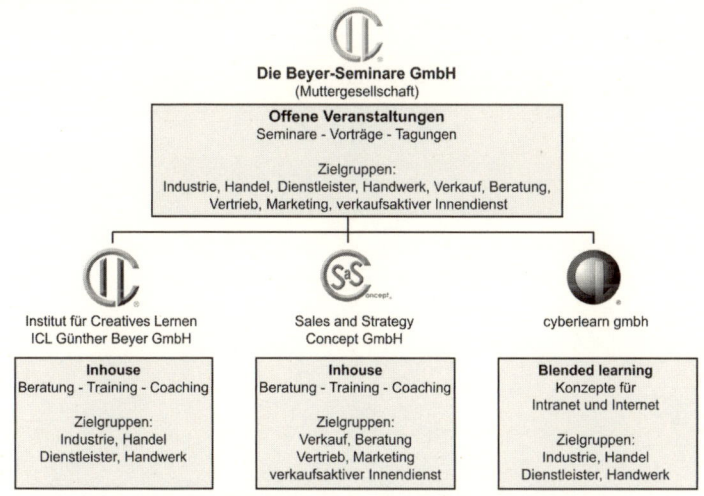

Die Beyer-Seminare GmbH • Institut für Creatives Lernen ICL Günther Beyer GmbH • SaS-Concept GmbH
Loxsiefen 5a • 51789 Lindlar / Hohkeppel • ☎ 0 22 06 / 800 41 • 📠 0 22 06 / 800 45 • ✉ info@beyer-seminare.de
www.beyer-seminare.de • www.sas-concept.de • www.cyberlearn.de

Über den Autor

Günther Beyer, Jahrgang 1949, arbeitet seit 1970 im In- und Ausland als selbstständiger Trainer und ist Gründer und Leiter des „Instituts für Creatives Lernen ICL Günther Beyer GmbH" sowie der „Beyer-Seminare GmbH".

In seinen Führungsseminaren trainiert er Führungskräfte aller Ebenen, zielorientiert zu führen, zu verhandeln, zu überzeugen, Veränderungen und Herausforderungen erfolgreich zu begegnen.

Der Autor von insgesamt 24 Sach- und Managementbüchern entwickelte zahlreiche Trainingsmethoden, gilt als Initiator und Begründer des heutigen Gedächtnis- und Konzentrationstrainings und ist durch viele Rundfunk- und Fernsehsendungen bekannt (ARD, ZDF, RTL, WDR).

ELAINE N. ARON

Auch als **E-Book** erhältlich

SIND SIE HOCH-SENSIBEL?

Wie Sie Ihre
Empfindsamkeit erkennen,
verstehen und nutzen

mvgverlag

376 Seiten
Preis: 17,90 € (D) | 18,40 € (A)
ISBN: 978-3-636-06246-8

Elaine N. Aron

Sind Sie hochsensibel?

Wie Sie Ihre Empfindsam-
keit erkennen, verstehen
und nutzen

Wie nehmen Sie die Welt wahr? Beeinträchtigen Lärm, Gerüche oder Stress Ihr Wohlbefinden? Haben Sie eine reiche Vorstellungskraft und lebendige Träume? Wenn Sie diese Fragen mit »ja« beantworten, dann sind Sie wahrscheinlich hochsensibel und äußerst feinfühlig. Hochsensible Menschen stoßen im Alltag oft auf viele Schwierigkeiten und werden leicht als schüchtern stigmatisiert.

Elaine Aron ist selbst hochsensibel. Einfühlsam und wissenschaftlich fundiert gibt sie umfassenden Einblick in das Phänomen Hochsensibilität. Sie gibt Ratschläge im Umgang mit Hürden im Alltag und erläutert, wie hochsensible Menschen zu einem ganz neuen Selbstbewusstsein finden.

272 Seiten
Preis: 16,95 € (D) | 17,50 € (A)
ISBN: 978-3-86882-213-7

Joe Navarro

Menschen lesen

Ein FBI-Agent erklärt,
wie man Körpersprache
entschlüsselt

Der Körper verrät uns alles, was eine Person eigentlich nicht sagen möchte. Man muss ihn nur verstehen können. Der ehemalige FBI-Agent und international anerkannte Experte für Körpersprache Joe Navarro hat jede Geste und Haltung, sowie jeden Gesichtsausdruck unter die Lupe genommen und nach dem neuesten Stand analysiert. Er erklärt genau, wie man sein Gegenüber durchschaut, Gefühle und Verhaltensweisen entschlüsselt, Täuschungsmanöver erkennt und souverän die Körpersprache entlarvt.
Mit diesem Buch macht Ihnen keiner mehr etwas vor!

336 Seiten
Preis: 8,99 € (D) | 9,30 € (A)
ISBN 978-3-86882-445-2

Vera F. Birkenbihl

Stroh im Kopf?
Vom Gehirn-Besitzer zum Gehirn-Benutzter

Egal, was wir lernen/lehren, ob Medizin, Jura oder Computersprache, wir können alles gehirn-gerecht machen, das heißt, verständlich aufbereiten. Von der Gehirnforschung ausgehend hat Vera F. Birkenbihl faszinierende methodische Ansätze entwickelt. In einzelnen Modulen stellt sie neue Techniken und Ideen vor, zum Beispiel wie sich neue Informationen gehirn-gerecht aufbereiten lassen. Denn: »Es gibt keine trockene Theorie – nur trockene Theoretiker!« Das Buch ist voller Experimente, praktischer Anregungen und neuer Techniken gemäß dem Motto: ausprobieren, umsetzen und vertiefen.

Matthias Pöhm

Nicht auf den Mund gefallen!

So werden Sie schlagfertig und erfolgreicher

224 Seiten
Preis: 9,99 € (D)|10,30 € (A)
ISBN 978-3-86882-520-6

Matthias Pöhm

**Nicht auf den
Mund gefallen**

So werden Sie schlag-
fertig und erfolgreicher

Einen Moment gezögert und dann ist er vorüber – der perfekte Augenblick für eine geniale, schlagfertige Antwort. Doch das ist kein Grund zum Verzweifeln, denn Schlagfertigkeit ist keineswegs nur angeboren, sondern durchaus erlernbar. Erfolgstrainer Matthias Pöhm hat besonders wortgewandte Menschen analysiert und festgestellt, dass vielen schlagfertigen Antworten ein Schema zugrunde liegt. Ähnlich wie die Grammatikregeln der deutschen Sprache, die jeder von uns unbewusst korrekt anwendet, gibt es auch für die Schlagfertigkeit Regeln, die Sprachgenies unbewusst befolgen, um sofort eine passende Erwiderung auf verletzende Verbalangriffe zu finden und ganz einfach durch Frechheit zu siegen. Die Zeit der Sprachlosigkeit ist vorüber!

304 Seiten
Preis: 19,99 € (D) | 20,60 € (A)
ISBN 978-3-86882-438-4

Tony Buzan

Speedreading
Schneller lesen –
Mehr verstehen –
Besser behalten

Die Informationsflut will kein Ende nehmen – überall türmen sich Berge ungelesener Bücher, Zeitschriften und Dokumente. Nicht verzweifeln, sondern schneller durch die Stapel kommen, lautet das Angebot von Tony Buzan. Dies gilt insbesondere für Menschen, die viel lesen müssen, wie etwa Studenten, Führungskräfte oder einfach nur Leseratten. Sie alle müssen in kürzester Zeit viel Stoff bewältigen und das neu erworbene Wissen auch abrufen können. Speed Reading ermöglicht beides: Zum einen wird die Lesegeschwindigkeit kontinuierlich erhöht und zum anderen gewährleistet die Mind Map®-Technik ein langfristiges Abrufen von Informationen. Darüber hinaus werden Konzentrationsfähigkeit sowie das Verstehen komplexer Zusammenhänge verbessert.

304 Seiten
Preis: 19,99 € (D) | 20,60 € (A)
ISBN 978-3-86882-441-4

Tony Buzan

Das Mind-Map-Buch

Die beste Methode zur Steigerung Ihres geistigen Potenzials

Mind-Mapping, das »Schweizer Taschenmesser des Denkens«, wird heute bereits von über 250 Millionen Menschen weltweit erfolgreich angewandt. Es hat Universitäten und die Geschäftswelt erobert und hilft Hunderttausenden von Schülern und Studenten, ihre Noten zu verbessern. Zahlreiche Unternehmen verdienen dank Mind-Mapping mehr Geld und behaupten sich leichter im Wettbewerb. Das Mind-Map-Buch von Tony Buzan, dem Erfinder der Mind Map®-Methode, stellt dem Leser ein einzigartiges Denkwerkzeug vor, das es ihm ermöglicht, Gedächtnis, Kreativität, Konzentration, Kommunikationsfähigkeit, Denken, Lernen, allgemeine Intelligenz und mentale Schnelligkeit zu verbessern. Vierfarbig illustriert und mit vielen ganzseitigen Farbfotografien ist dieses Buch auch ein optisches Vergnügen.